우주에서 가장 쉬운 어휘

3

우주에서 가장 쉬운 어휘 3

초판 1쇄 펴낸날 2016년 12월 23일
초판 3쇄 펴낸날 2019년 12월 27일

지은이 | 강영미 김경란 서태진 장지혜
펴낸이 | 홍지연
펴낸곳 | 도서출판 우리학교

편집 | 김영숙 김나윤 이혜재 정아름 김선현
일러스트 | 심규태
디자인 & 아트디렉팅 | 정은경
디자인 | 남희정
영업 관리 | 김세정
인쇄 | 에스제이 피앤비

등록 | 제313-2009-26호(2009년 1월 5일)
주소 | 03993 서울시 마포구 동교로 23길 32 2층
전화 | 02-6012-6094
팩스 | 02-6012-6092
전자우편 | woorischool@naver.com

ISBN 979-11-87050-21-6 44700
ISBN 979-11-87050-15-5(세트)

현실중학생을 위한 국어 어휘 학습법

우주에서 가장 쉬운 어휘 3

강영미 · 김경란 · 서태진 · 장지혜 지음

우리학교

현실중학생을 위한 인생어휘

집에서 가족들과 나누는 평범한 대화부터 친구들과 주고받는 SNS 메신저까지 우리는 아침부터 저녁까지 누군가의 이야기를 듣거나 누군가에게 이야기를 건넵니다. 또 수업 시간에는 어떤 주제에 대해서 발표를 하기도 하고, 자기 생각과 느낌을 글로 쓰기도 합니다. 책을 읽으며 감동을 받기도 하고요. 이처럼 우리는 말과 글을 통해서 매일매일 누군가와 의사소통을 하며 살고 있습니다.

여러분 중에서 말을 못하거나 글을 읽지 못하는 사람은 드물 거예요. 하지만 말을 하고, 글을 읽고 쓴다고 해서 우리말을 잘한다고 할 수는 없어요. 듣기, 말하기, 읽기, 쓰기를 다 할 수 있는데 의사소통이 어려운 이유는 뭘까요? 여러 가지 이유가 있을 수 있겠지만 가장 큰 이유는 어휘력이 부족하기 때문이에요.

어휘력이 부족하면 구절이나 문장의 의미를 파악하기 어려워요. 누군가와 말을 하다 보면 말귀를 못 알아듣는구나 싶은 사람이 있지요? 글도 분명히 읽기는 하는데 그 뜻을 모르는구나 싶을 때도 있고요. 또 어휘력이 부족하면 국어 공부를 잘하기 어려워요. 국어를 못하면 다른 과목도 공부하기 쉽지 않고요.

사람들과의 원활한 의사소통을 위해서, 또 공부를 잘하기 위해서는 무엇보다도 먼저 어휘력을 길러야 합니다. 어휘력을 기르는 가장 중요한 습관은 처음 보거나 뜻을 모르는 단어를 만나면 국어사전을 찾아보는 거예요. 사전을 일일이 찾아보는 게 귀찮다고요? 그렇다면 이 책의 도움을 받아야겠네요.

이 책은 어휘 사용 빈도 연구를 참고하고, 교과서의 어휘를 조사해서 여러분이 꼭 알아 두어야 할 어휘를 엄선했어요. 또 가나다 순서가 아닌 의미 중심으로 연관어를 제시하기 때문에 기억하기도 쉬울 거예요. 현실중학생을 위한 인생어휘라고 할 수 있겠지요?
어휘력을 기른다는 것은 아는 단어의 수가 늘어난다는 뜻이에요. 어휘력이 풍부해지면 자신의 생각을 더 정확하고 깊이 있게 표현할 수 있어요. 또 다른 사람의 말이나 글도 쉽게 이해할 수 있지요.

이 책을 쓴 선생님들은 중학교와 고등학교에서 국어를 가르치고 있어요. 그런데 학교에서 선생님들이 '요즘 아이들은 어휘력이 너무 부족해요'라는 이야기를 많이 하세요. 수업을 할 때 학생들이 수업 내용을 이해하지 못한다는 걱정으로 하시는 말씀이지요. 그래서 중학생을 위한 쉽고, 재미있게 어휘를 배울 수 있는 책을 만들 결심을 했습니다. 그리고 책 제목처럼 '우주에서 가장 쉬운' 어휘 학습 책을 만들었습니다.
이 책을 읽는 여러분의 어휘력이 쑥쑥 자라나서 수업 시간이 기다려지고, 누군가와의 대화가 즐거워지길, 여러분의 국어 생활이 넉넉해지길 바랍니다.

2016년 12월
강영미, 김경란, 서태진, 장지혜

이 책은
이렇게 구성되어
있어요

20개의
필수 어휘를 익히는
6단계 학습법

1단계 : 스토리로 익히기

우리 주변에 있을 법한 상황을 필수 어휘를 넣어 이야기로 만들었어
이야기의 맥락 속에서 어휘의 뜻을 상상하며 읽어 보세요.

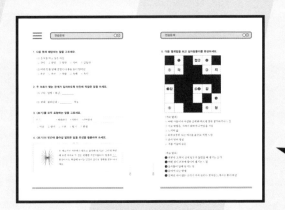

6단계 : 연습 문제로 익히기

배우고 익힌 어휘력을 점검해 볼 수 있는 문제를 실었어요.
어휘 실력을 종합적으로 점검해 보세요.

2단계 : 그림으로 익히기

이 책에 실려 있는 240개의 필수 어휘를 그림으로 표현했어요.
그림을 보면서 어휘의 뜻을 짐작해 보세요.

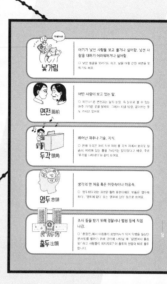

3단계 : 뜻으로 익히기

필수 어휘의 뜻을 풀이하고 유래와 쓰임을 설명했어요.
비슷한말과 반대말, 관용어 등도 함께 익히도록 하세요.

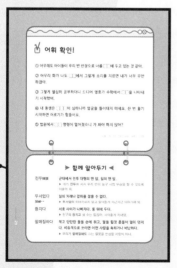

4단계 : 어휘 확인으로 익히기

뜻으로 익힌 필수 어휘를 예문을 통해 바로바로 확인하도록 했어요.
생생한 입말이 살아 있는 예문의 빈칸에 알맞은 어휘를 적어 보세요.

5단계 : 관련 어휘 익히기

함께 알아 두면 좋을 어휘를 제시했어요.
뜻과 예문을 읽으면서 관련 어휘도 기억하도록 하세요.

차 례

책을 내며 ── 4

이 책은 이렇게 구성되어 있어요 ── 6

1장 엄정한 심판이 퇴장을 명령했어 _성격과 태도1   10

2장 옹졸하게 굴어서 미안해 _성격과 태도2   24

3장 넓은 아량으로 한 번만 용서해 줘 _성격과 태도3   38

▶ 틀리기 쉬운 우리말   52

4장 희비가 엇갈리는 극적인 순간이야 _감정과 기분1   54

5장 가수의 꿈을 항상 동경해 왔어 _감정과 기분2   68

6장 우물우물 대답하지 말고, 명료하게 대답해 줘 _성질과 상태1   82

7장 날씨가 왜 이리 을씨년스러운 거야 _성질과 상태2   96

▶ 더 알아두기 : 성격과 상태의 뜻을 더해주는 접미사   110

8장 너 그렇게 말하는 저의가 대체 뭐야? _뜻과 생각1   112

9장 프로파일러가 범인의 생각을 딱 간파했어 _뜻과 생각2   126

➤ 비슷하지만 다른 우리말   140

10장 새해 첫날부터 덕담은 못할망정 웬 잔소리야 _말과 글1   144

11장 도장은 안 돼! 부모님 자필 사인을 받아 와야 해 _말과 글2   158

12장 이미 결론 난 일에 더 이상 왈가왈부하지 마 _말과 글3   172

➤ 더 알아두기 : 글과 관련된 관용어, 속담   186
　　　　　　　 말과 관련된 관용어, 속담   188

사자성어   190

단어 한눈에 보기   196

연습 문제 답안   204

≡

제 1 장

성격과 태도 1

엄정한 심판이
퇴장을 명령했어

노련하다

능란하다

온화하다

호기롭다

우직하다

영민하다

다부지다

.

선생님은 참 수수하고 **수더분하셔**. 처음 만났을 때부터 온화한 미소를 띤 채 나를 **살갑게** 대해 주셨지. 내 성격이 그다지 원만하지 않다는 거 너도 알지? 그런데도 선생님은 지금도 변함없이 내 까칠함에 관대하셔. 저런 선생님을 만난 건 행운이야.

그 사람의 성격은 **호기롭고 호탕해**. 말과 행동도 씩씩하고 시원시원하고. 하지만 그를 만만하게 봐서는 안 돼. **강직하고 우직해서** 부정부패에는 단호하게 대처하거든. 아무리 높은 사람이라고 해도 그릇된 청탁은 완강하게 거부해. 그건 말로는 쉽지만 실제로는 엄청나게 어려운 일이야.

아무래도 젊고 **영민한** 사람들이 새로운 기술을 금방 배우겠죠. 게다가 **다부진** 태도로 덤비니까 **능통하게** 기술을 활용할 시간도 머지않았어요. 하지만 선생님께는 오랜 경험을 통해 다져진 **노련함**이 있잖아요. 철없는 녀석들이 **맹랑하게** 지껄여도 그 말에 마음 두지 마세요.

재판정에 들어갔더니 분위기는 **숙연하고** 판사님의 표정은 근엄했어요. 피고가 아직 어리고 가정환경이 어려워서 그랬는지, 처벌은 **엄정했다**기보다는 **신중했다**고 볼 수 있어요. 제 예상보다는 형량이 높지 않았거든요. 재판이 끝나자 피고는 피해자 쪽을 향해 **경건한** 마음으로 조용히 무릎을 꿇었어요.

관대하다 寬大--

마음이 넓고 이해심이 많다. 비슷한말 너그럽다

➡ 관寬은 너그럽다는 뜻의 한자예요. 관대하다는 너그러움이 크다는 뜻이겠지요. 참고로 관용寬容은 남의 잘못을 너그럽게 받아들이거나 용서하는 것을 말해요.

원만하다 圓滿--

성격이 부드럽고 너그럽다. 일의 진행이 순조롭다. 서로 사이가 좋다.

➡ 원圓은 둥글다는 뜻이고, 만滿은 가득하다는 뜻이에요. 모나지 않고 둥글둥글, 넉넉하게 사니까 모든 일들이 뜻대로 잘 이루어지겠지요?

온화하다 溫和--

성격이나 태도가 온순하고 부드럽다. 날씨가 맑고 따뜻하며 바람이 부드럽다.

➡ 온溫은 따뜻하다는 뜻이고, 화和는 서로 뜻이 맞아 사이가 좋은 상태를 뜻해요. 온화한 날씨, 온화한 얼굴. 생각만 해도 마음이 따뜻해지는 말이지요.

살갑다

마음씨나 태도가 다정하고 부드럽다. 사람이나 물건이 정답고 친근하다. 바람이나 물결 등이 닿는 느낌이 가볍고 부드럽다.

➡ 곰살갑다는 성질이 보기보다 상냥하고 부드럽다는 뜻이에요.

수더분하다

성질이 까다롭지 않고 순하다.

➡ 까다롭다에는 성미나 취향이 원만하지 않고 별스럽게 까탈이 많다는 뜻이 있어요. 까탈은 중요하지 않은 일을 문제 삼아 까다롭게 구는 것을 뜻해요.

☑ 어휘 확인!

① 자신에게는 엄격하고 남에게는 ☐☐☐ 사람이 되어라.

② 이렇게 ☐☐☐ 친구를 대하는데 누가 너를 미워하겠니?

③ 재민이는 성격이 ☐☐☐☐ 친구들과 싸운 적이 한 번도 없었어.

④ 성품이 ☐☐☐☐ 네 친구를 어쩌자고 화나게 만들었니?

⑤ 이번 문제도 서로 ☐☐☐☐ 해결하도록 해.

정답 : ① 곰살궂은 ② 싹싹한 ③ 곰살궂어서 ④ 싹싹한데 ⑤ 이타적으로

➤ 함께 알아두기 ◀

곰살궂다 다른 사람의 마음에 들게 행동이나 성격이 친절하고 다정하
다. 성격이나 행동이 꼼꼼하고 자세하다.

▶ 새침하고 쌀쌀맞기만 하던 친구가 무슨 꿍꿍이속으로 살뜰하
고 **곰살궂게** 굴까?

싹싹하다 눈치가 빠르고 행동이나 성격이 상냥하고 시원스럽다.
▶ 저렇게 무례한 사람을 **싹싹하게** 대하는 널 보면 참 용하다 싶어.

이타적利他的 자기의 이익보다는 다른 사람의 이익을 더 중요하게 생각하
는 것.
▶ **이타적**으로 살지는 못하더라도 이기적으로 살지는 말아야 한다
고 생각해.

15

호기롭다 豪氣--

씩씩하고 큰 기상이 있다. 거만한 태도로 잘난 척하고 뽐내는 면이 있다.

◐ 호기는 씩씩하고 큰 기상이나 거만한 태도로 잘난 척하는 기운을 뜻해요. 여기에 그러함 또는 그럴 만함의 뜻을 더하고 형용사를 만드는 접미사 -롭다가 결합한 말이에요.

강직하다 剛直--

마음이 꼿꼿하고 바르다.

◐ 강剛은 굳세다를, 직直은 곧다를 뜻하는 한자예요. 사람의 기개, 의지, 태도, 마음가짐 등이 굳센 것을 꼿꼿하다고 하지요. 강직하다는 부귀나 영화의 유혹에 흔들리지 않고, 옳고 바른길을 가는 선비나 관리에게 어울리는 말이에요.

완강하다 頑強--

태도가 매섭고 의지가 굳세다.

◐ 강強은 굳세다 또는 강하다는 뜻을 가진 한자예요. 강경強硬하다는 굳세게 버티어 굽히지 않는다는 뜻이고, 강건強健하다는 몸이나 기력이 실하고 튼튼하다는 뜻이지요.

우직하다 愚直--

어리석고 고지식하며 고집이 세다.

◐ 우직한 사람은 요령을 부리지 않고 정석대로 일을 하기 때문에 얼핏 보면 미련해 보이지만, 나중에는 그 성실함과 진지함으로 큰일을 성취할 수 있어요.

호탕하다 豪宕--

활달하고 씩씩하며 시원시원하다.

◐ 호豪는 호걸을, 탕宕은 대범함을 뜻하는 한자예요. 호걸처럼 말하고, 행동하고, 웃는 게 호탕한 것이지요.

✓ 어휘 확인!

① 장군님! 적들의 저항이 워낙 □□□□ 성을 함락하기가 쉽지 않을 것 같습니다.

② □□□ 성품을 지닌 사람들은 대체로 부귀영화를 탐내지 않는단다.

③ 소심하고 쩨쩨하게 굴지 마. 대범하고 □□□□ 행동해야 해.

④ 윤재의 □□□ 웃음소리는 언제 들어도 기분이 좋아.

⑤ 묵묵하게 제 길을 가는 사람들의 □□□이 세상을 조금씩 변화시킨답니다.

정답 : ①완강하게서 ②강직한 ③호기그게 ④호탕한 ⑤우직함

➤ 함께 알아두기 ◀

대차다
성격이나 태도가 꿋꿋하고 힘차다.
▶ 일단 결정을 하면 **대차게** 앞으로 나아가야지 우물쭈물해선 안 돼.

걸걸하다
傑傑--
생김새나 성격이 시원스럽고 쾌활하다.
▶ 너는 생김새와 성격이 모두 **걸걸해서** 어디 가도 인기가 많을 것 같아.

확고하다
確固--
태도나 상황 등이 튼튼하고 굳다.
▶ 재인이는 초등학생 때부터 배우가 되고 싶다는 **확고한** 꿈을 가지고 있어.

노련하다 老鍊--

경험이 많아 익숙하고 솜씨가 좋다.
비슷한말 노숙하다老熟--

➡ 노련미老鍊味는 많은 경험에서 나오는 익숙한 솜씨의
맛이나 멋이라는 말이에요.

능통하다 能通--

사물의 이치에 훤히 통달하다.

➡ 통달通達하다는 사물의 이치나 지식, 기술 등을 매우
잘 알거나 능숙하게 잘한다는 뜻이에요.

다부지다

행동이나 태도, 마음가짐 등이 굳세고 야무지다.
생김새가 단단하고 야무지다.

➡ 야무지다는 사람의 생김새나 성격, 행동 등이 단단하고
빈틈이 없다는 뜻이에요.

맹랑하다 孟浪--

하는 짓이 만만히 볼 수 없을 만큼 똘똘하고 깜찍
하다. 처리하기 어렵거나 난처하다.

➡ 명랑明朗하다와 헷갈리지 마세요. 명랑하다는 유쾌하
고 활발하다는 뜻이에요. 참고로 허무맹랑虛無孟浪하다는
터무니없이 거짓되고 아무 보람이나 실속이 없다는 말이
지요.

영민하다 英敏--

매우 영특하고 재빠르고 날쌔다.

➡ 영英은 꽃부리를, 민敏은 재빠르다를 뜻하는 한자예요.
꽃부리는 꽃잎 전체를 가리키는데, 뛰어나게 훌륭함을 상
징한답니다. 영특英特하다는 보통 사람과 다르게 매우 뛰
어나고 훌륭하다는 말이에요.

✔️ 어휘 확인!

① 외국어고등학교는 외국어에 ☐☐☐ 학생을 기르는 학교란다.

② 우승을 하려면 탁월한 실력과 함께 ☐☐☐ 의지가 꼭 필요해.

③ 어떤 분야에서든 경력을 쌓다 보면 일처리가 ☐☐☐ 지는 법이지.

④ 아드님이 나이에 비해 ☐☐☐☐는 소문이 동네방네 자자합니다.

⑤ 이런 ☐☐☐ 녀석. 답을 알면서도 모르는 척 형에게 기회를 양보하다니.

정답 : ① 능숙한 ② 억척같은 ③ 능수능란해 ④ 준수하다는 ⑤ 암팡진

➤ 함께 알아두기 ◀

암팡지다   몸은 작아도 힘차고 야무지다.
     ▶ 내 동생은 상대방의 비판에 **암팡지게** 대답을 해냈다.

능수능란하다   일 등에 익숙하고 솜씨가 뛰어나다.
能手能爛--
     ▶ 그는 **능수능란하게** 골대 앞으로 공을 몰고 가더니 기어이 골을 넣었다.

억척스럽다   어려움에도 불구하고 어떤 일이든 몹시 억세고 끈덕지게 해나가는 태도가 있다.
     ▶ 할머니는 **억척스럽게** 모은 돈을 모두 대학에 기부하셨다.

준수하다   재주와 슬기, 용모가 뛰어나다.
俊秀--
     ▶ 그는 **준수한** 외모에 운동도 잘해서 인기가 많아.

신중하다 愼重--

매우 조심스럽다.

◎ 신愼은 삼가다, 중重은 무겁다는 뜻의 한자예요. 몸가짐이나 언행을 삼가고 행동거지行動擧止가 무겁다는 뜻이니까 매우 조심스럽다는 말이 되지요.

숙연하다 肅然--

고요하고 엄숙하다.

◎ 숙肅은 엄숙하다는 뜻의 한자이고 연然은 그러하다는 뜻의 한자예요. 연然이 들어간 말은 바로 앞 글자로만 해석해도 뜻이 통해요. 당연當然하다는 마땅히 그러하다라는 뜻이고, 우연偶然하다는 뜻하지 않게 그러하다라는 뜻이 되지요.

경건하다 敬虔--

어떤 대상에 대해 공손하고 엄숙하다.

◎ 경敬과 건虔에는 모두 공경하다의 뜻이 있어요. 공경恭敬하다는 공손히 받들어 모시다는 뜻이고, 공손恭遜하다는 말이나 행동이 겸손하고 예의 바르다는 뜻이지요.

엄정하다 嚴正--

엄격하고 바르다. 날카롭고 공정하다.

◎ 엄嚴은 엄하다는 뜻의 한자예요. 냉엄하다, 무엄하다, 삼엄하다, 장엄하다, 준엄하다, 지엄하다 등의 말에도 엄하다는 뜻이 포함되어 있지요.

근엄하다 謹嚴--

표정이나 태도가 점잖고 엄숙하다.

◎ 근謹은 몸가짐, 언행 등을 조심해서 한다는 뜻의 한자예요. 말과 행동이 점잖다는 뜻이지요.

✔️ 어휘 확인!

① 결정은 □□□□, 행동은 과감하게 해야 해.

② 부상자들이 하루 빨리 완쾌할 수 있도록 □□□ 마음으로 기도합시다.

③ 이 재판은 □□□ 분위기에서 진행되었어요.

④ 아버지께선 조용하지만 □□□ 목소리로 저를 가만히 타이르셨지요.

⑤ 부자든 가난한 사람이든 범죄자는 □□□□ 처벌받아야 올바른 사회가 될 수 있어.

정답 : ① 신중하게 ② 고결한 ③ 중후한 ④ 고매한 ⑤ 공평하게

➤ 함께 알아두기 ◄

과묵하다
寡默--
말수가 적고 태도가 침착하다.
 ▶ 그는 빙그레 웃기만 할 뿐 늘 **과묵하게** 앉아 있었어.

중후하다
重厚--
태도 등이 점잖고 무게가 있다. 작품이나 분위기 등이 점잖고 무게가 있다. 학식이 깊고 행실이 너그럽고 어질다.
 ▶ 저 배우는 나이가 들수록 인자하고 **중후한** 기품이 느껴져.

고결하다
高潔--
성품이나 인격이 매우 훌륭하고 깨끗하다.
 ▶ 우리 교장 선생님께서는 인품이 **고결하신** 데다 학생들의 의견도 잘 들어주셔.

고매하다
高邁--
생각, 성격, 학문이 보통 사람들 같지 않고 바르고 훌륭하다.
▶ **고매한** 이상 추구도 좋지만 현실의 문제 해결에도 신경을 좀 쓰세요.

1. 다음 빈칸에 들어가기에 적절하지 <u>않은</u> 말을 고르세요.

(1) 내 친구는 참 _____ . 그래서 모든 사람들이 좋아해.
① 싹싹해   ② 온화해   ③ 맹랑해   ④ 영민해   ⑤ 노련해

(2) 분위기가 왜 이렇게 _____ . 숨도 잘 못 쉬겠어.
① 숙연해   ② 경건해   ③ 엄정해   ④ 근엄해   ⑤ 호탕해

(3) 그녀는 일을 _____ 잘한다고 칭찬이 자자해.
① 완강하게   ② 야무지게   ③ 능통하게   ④ 원만하게   ⑤ 준수하게

2. 〈보기〉에서 설명하는 사람의 성격이나 태도로 가장 적절한 말을 고르세요.

─────── 〈보기〉 ───────

그는 경험이 많은 국가대표 수비수입니다. 그는 수비할 때 상대편이 공격해 오는 중요한 길목을 미리 압니다. 상대편 주요 공격수를 밀착 방어하여 그의 발을 꽁꽁 묶어 버립니다. 무엇보다 상대편 패스를 영민하게 가로채서 전방 공격수에게 정확하게 패스합니다.

① 걸걸하다   ② 고매하다   ③ 고결하다   ④ 노련하다   ⑤ 호기롭다

3. 〈보기〉의 내용과 뜻이 가장 가까운 말을 고르세요.

─────── 〈보기〉 ───────

우공이산愚公移山은 우공이 산을 옮긴다는 뜻이야. 어떤 일이든 끊임없이 노력하면 반드시 이루어진다는 말이지. 그리고 대기만성大器晚成은 큰 그릇은 늦게 완성된다는 뜻이야. 크게 될 사람은 늦게 이루어진다는 말이지. 이처럼 대기만성하려면 우공이산의 자세가 필요한 법이란다.

① 강건하다   ② 우직하다   ③ 호탕하다   ④ 원만하다   ⑤ 능수능란하다

4. 다음 열쇳말을 보고 십자말풀이를 완성하세요.

〈가로 열쇠〉

① 매우 조심스럽다

② 행동이나 태도, 마음가짐 등이 굳세고 야무지다

③ 마음이 넓고 이해심이 많다

④ 자기의 이익보다는 다른 사람의 이익을 더 중요하게 생각하는 것

⑤ 마음씨나 태도가 다정하고 부드럽다

〈세로 열쇠〉

❶ 태도 등이 점잖고 무게가 있다

❷ 성격이나 태도가 꿋꿋하고 힘차다

❸ 남의 잘못을 너그럽게 받아들이거나 용서하는 것

❹ 몸은 작아도 힘차고 야무지다

❺ 다른 사람의 마음에 들게 행동이나 성격이 친절하고 다정하다

제 2 장

모질다

우둔하다

표악하다

방정맞다

성격과 태도 2

옹졸하게 굴어서
미안해

완고하다

무정하다

경박하다

어제 뉴스 봤어? 아무리 이 사회가 냉혹해졌다고 하지만, 어떻게 병든 모친을 모질게 학대하고, 야멸차게 내쫓을 수가 있지? 무정한 사람들같으니라구. 그 뉴스를 보는 동안 내 마음이 어찌나 냉랭해 지던지 도무지 용서가 안 되더라.

이웃 김씨 말이야, 평소 영악해서 손해 보기 싫어하는 건 알고 있었지만 그 정도로 교활한 사람인 줄은 몰랐어. 그렇게 욕심 부리다 주변에 사람이 아무도 남지 않으면 결국 손해라는 걸 당장의 편협한 사고로는 알 수 없겠지. 지금은 가진 게 많으니 교만하게 굴지만, 언젠가는 옹졸했던 자신을 후회하게 될 날이 올거야.

어디 가서 경박하게 처신하지 말라고 여러 번 이야기를 했는데도 여전히 저속한 말이나 쓰면서 방정맞게 굴면 어떡하니? 옷도 이렇게 비루하게 입고 말이야. 겉만 번지르르하고 속은 추악한 사람들보다는 낫지만, 그래도 이제는 너도 이제 다 컸으니 철도 좀 들고 품위 있게 행동했으면 좋겠다.

최고 권력자가 사악한 마음을 품고 국민을 우악스럽게 다루는 포악한 정치를 펼친다 하더라도 백성들이 우둔하면 이를 해결할 수 없어. 나라의 주인은 권력을 쥔 사람이고 국민은 힘이 없다는 완고한 믿음을 깨고 자신들의 권리를 찾아 나설 때 비로소 민주 시민과 민주 사회가 완성되는 법이야.

모질다

마음씨나 말씨나 행동이 몹시 매섭고 독하다. 참고 견디기 힘든 일을 참고 견뎌 낼 만큼 강하고 끈질기다.

💬 모질다의 모는 모서리의 모와 어원이 같아요. 모와 같이 뾰족하고 날카로운 것을 내지를 정도의 마음가짐을 뜻하지요.

야멸차다

자기만 생각하고 남의 사정을 돌볼 마음이 거의 없다. 태도가 차고 야무지다. 비슷한말 야멸치다

💬 원래는 야멸치다만 표준어였으나, 2011년부터 야멸차다와 야멸치다가 모두 표준어로 인정되고 있어요.

징징대지 좀마!

냉혹하다 冷酷--

차갑고 혹독하다. 비슷한말 매섭다

💬 냉冷은 차갑다, 혹酷은 독하다는 뜻의 한자예요. 사람의 성격을 뜻하는 말에 냉冷 자가 들어가면 주로 부정적인 뜻으로 쓰여요. 냉정하다, 냉담하다, 냉혈한과 같이 말이에요.

냉랭하다 冷冷--

태도가 다정하지 않고 매우 차갑다. 온도가 몹시 낮아서 차다.

비슷한말 냉담하다冷淡--, 냉정하다冷情--

💬 한자음 랭이 첫머리에 올 때에는 냉으로 적어요. 이를 두음법칙이라 하지요. 그래서 냉냉하다 또는 랭랭하다가 아닌 냉랭하다라고 적어야 해요.

무정하다 無情--

따뜻한 정이 없이 쌀쌀맞고 인정이 없다. 남의 사정에 아랑곳없다. 반대말 유정하다有情--

💬 아랑곳은 일에 나서서 참견하거나 관심을 두는 일을 뜻해요. 관용어 '아랑곳 여기다'는 관심 있게 생각한다는 말이지요.

어휘 확인!

① 마음을 ☐☐☐ 먹고 그 친구와 헤어지기로 했어.

② ☐☐☐ 사회 현실을 다룬 다양한 장르의 영화와 드라마가 만들어지고 있어.

③ 내 짝꿍이 어제까지만 해도 나한테 다정했는데, 무슨 까닭인지 갑자기 오늘은 태도가 ☐☐☐.

④ 쓰러진 사람을 보고도 그냥 지나치다니 어쩌면 그렇게 ☐☐☐ 수가 있냐?

⑤ 시험공부 하려고 짝꿍에게 필기한 것 좀 빌려 달라고 부탁했더니 ☐☐☐☐ 거절하더라. 정말 섭섭해.

정답 : ① 모질게 ② 각박한 ③ 쌀쌀해 ④ 박정할 ⑤ 매정하게

➤ 함께 알아두기 ◀

성마르다
性---

참을성이 없고 성질이 조급하다.

▶ 하린이는 내 말이 끝나지도 않았는데 **성마르게** 대답하고는 지나가 버렸다.

강퍅하다
剛愎--

성격이 까다롭고 고집이 세다.

▶ 고집 센 우리 형은 **강퍅한** 사람이고, 남들이 안 하는 행동을 자주 하는 너희 누나는 괴팍한 사람이야.

박정하다
薄情--

인정이 없고 차갑다.

▶ 열 달이나 집세가 밀린 세입자를 내쫓았다고 해서 집주인을 **박정하다**고 할 수는 없어.

교만하다 驕慢--

잘난 체하며 뽐내고 건방지다.

비슷한말 오만하다傲慢-- 반대말 겸손하다謙遜--

➡ 오만불손傲慢不遜은 태도나 행동이 예의 바르지 않고 거만하다는 뜻이에요. 오만, 교만보다 더 건방지고 거만한 느낌을 주지 않나요?

교활하다 狡猾--

간사하고 꾀가 많다.

➡ 교활狡猾은 나쁜 꾀로 다른 동물을 잡아먹는 상상 속 동물 이름에서 유래했어요. 교狡는 온몸에 표범 무늬가 있고, 머리에 쇠뿔을 단 개의 모습이래요. 활猾은 사람 같은 모습에 온몸이 돼지털로 덮여 있는 동물이고요.

편협하다 偏狹--

한쪽으로 치우쳐 도량이 좁고 너그럽지 못하다.

➡ 도량度量은 너그럽게 받아들이고 깊게 이해할 수 있는 마음과 생각이라는 뜻이 있어요. 여러분도 넓은 도량을 갖기 위해 노력하세요.

옹졸하다 壅拙--

마음이 너그럽지 못하고 생각이 좁다. 옹색하고 변변치 아니하다.

➡ 옹색壅塞하다는 속이 좁고 꽉 막혀서 답답하다는 뜻이에요. '옹색한 성품'과 같이 쓰이지요.

영악하다 獰惡--

이해가 밝으며 약다.

➡ 위 어휘풀이에서의 이해利害는 무엇이 어떤 것인지를 안다는 뜻이 아니라 이익과 손해라는 뜻이에요. 이해가 밝다는 것은 이익과 손해에 대한 계산이 빠르다는 뜻이지요.

☑ 어휘 확인!

① ☐☐☐ 사람처럼 보이기 싫어서 내가 아끼는 펜을 잃어버린 친구에 게 괜찮다고는 했지만, 사실은 아직까지도 속상해.

② 이 책은 그동안 내가 미술 작품에 대해 가지고 있던 ☐☐☐ 사고방 식을 깨는 데 큰 도움이 되었어.

③ 성적이 좀 올랐다고 ☐☐☐☐ 굴어서는 안 돼.

④ ☐☐☐☐ 살기보다는 조금 손해를 보더라도 바보같이 살고 싶어.

⑤ 전래 동화에 등장하는 여우는 왜 늘 ☐☐☐ 걸까?

정답 : ① 용렬한 ② 고루한 ③ 불손하게 ④ 치졸하게 ⑤ 가증스러운

➤ 함께 알아두기 ◀

불손하다
不遜--
말이나 행동 등이 버릇없거나 겸손하지 못하다.
▶ 자기 의견을 또박또박 밝히는 것과 **불손한** 것은 다르다고 생 각합니다.

치졸하다
稚拙--
성품이 너그럽지 못하고 유치하다.
▶ 체육대회에서 이기기 위해 반칙을 일삼고 방해공작을 펼치는 옆 반 아이들의 모습이 **치졸해서** 눈 뜨고는 못 보겠어.

용렬하다
庸劣--
생각이 좁고 성품이 너그럽지 못하다.
▶ 자기 잘못을 인정하지 않고 자꾸 다른 이에게 책임을 덮어씌 우는 **용렬한** 친구의 모습에 크게 실망했어.

가증스럽다
可憎---
몹시 괘씸하고 얄밉다.
▶ 뒤에서는 나에 대한 험담을 늘어놓고, 내 앞에서는 사람 좋 은 웃음을 띠고 있는 그 친구가 참으로 **가증스러웠어.**

방정맞다

말이나 행동이 점잖거나 조심스럽지 못하고 몹시 까불어서 가볍다.

◉ 방정方正하다는 말이나 행동이 바르고 점잖다는 뜻이에요. 비슷한 말인 것 같지만 실제로는 참 다른 뜻을 가졌지요?

경박하다 輕薄--

언행이 신중하지 못하고 가볍다.
비슷한말 경솔하다輕率--

◉ 경박한 행동을 묘사하는 형용사로는 경박스럽게 함부로 들추거나 뒤지거나 쑤신다는 뜻의 쏘삭거리다, 조심성 없이 경박하게 촐랑거린다는 뜻의 지망지망하다가 있지요.

저속하다 低俗--

품위가 낮고 속되다. 반대말 고상하다高尙--

◉ 속俗은 세속, 즉 고상한 것에 대비되어 평범하고 천한 것을 뜻할 때 주로 쓰이는 한자예요. 비속하다, 범속하다, 통속적이다, 속물, 속어와 같이 쓰이지요.

비루하다 鄙陋--

행동이나 성질이 너절하고 더럽다.

◉ 동음이의어인 우리말 비루는 개, 말, 나귀 등의 피부가 헐고 털이 빠지는 병을 말해요. 비루먹은 강아지라는 말을 많이들 쓰는데 피부가 헐고, 털이 빠진 모습을 표현한 말이지요.

추악하다 醜惡--

더럽고 흉악하다.

◉ 동음이의어 추악麤惡하다는 품질이 거칠고 나쁘다는 뜻이에요.

어휘 확인!

① 박지원의 『예덕선생전』에서 주인공은 똥지게를 짊어지고 다니면서 일을 하지만 스스로의 일을 ☐☐☐☐ 여기지 않고 당당하게 살아가는 훌륭한 인물이야.

② 이번 사기 사건을 통해 그의 ☐☐☐ 본성이 있는 그대로 드러났어.

③ 이제 곧 고등학생이 되니 ☐☐☐☐ 굴지 말고 방정方正하게 행동해야지.

④ 깊이 생각하지 않고 함부로 말하고 행동하는 ☐☐☐ 친구와는 어울리지 않는 것이 좋아.

⑤ 외모로 타인을 평가하는 것은 ☐☐☐ 일이야.

정답 : ① 비루하게 ② 몰염치한 ③ 잔망스럽게 ④ 경솔한 ⑤ 불미스러운

▶ 함께 알아두기 ◀

잔망스럽다
孱妄---
얄밉도록 똘똘하고 깜찍한 데가 있다.
　▶ 할아버지를 흉내 내며 뒷짐 지고 걷는 네 살배기 여동생을 보고 옆집 아주머니께서 "하이고야. 어린애가 **잔망스럽기도** 하네."라고 하셨어.

몰염치하다
沒廉恥--
체면을 차릴 줄 알거나 부끄러움을 아는 마음이 없다.
　▶ 최소한의 사과조차 할 줄 모르는 일본 정부의 **몰염치한** 태도에 너무 화가 나.

불미스럽다
不美---
보기에 옳지 못하거나 떳떳하지 못한 데가 있다.
　▶ 작년에 일어났던 **불미스러운** 일 때문에 올해는 교내 체육대회를 열지 않겠다는 결정이 내려졌다.

완고하다 頑固--

융통성이 없이 올곧고 고집이 세다.

비슷한말 고루하다固陋--

◉ 동음이의어 완고完固하다는 완전하고 튼튼하다는 뜻이에요. '완고한 다리'와 같이 쓰이지요.

우악스럽다 愚惡---

모습이나 태도가 보기에 미련하고 험상궂은 데가 있다. 성질이 보기에 무지하고 포악하며 드센 데가 있다.

◉ 우악스러움이 매우 클 때는 우악살스럽다 또는 왁살스럽다라고 해요.

포악하다 暴惡--

성격이나 행동이 사납고 악하다.

◉ 흉악凶惡하다는 성질이 악하고 사납다는 뜻을, 험악險惡하다는 성격, 태도, 생김새 등이 나쁘다는 뜻을, 극악極惡하다는 마음씨나 행동이 더할 나위 없이 악하다는 뜻을 나타내는 말이에요.

사악하다 邪惡--

간사하고 악하다.

◉ 사邪는 간사하다, 즉 바르지 못한 것을 뜻하는 한자예요. 바르지 못한 도리는 사도邪道, 바르지 못한 행실은 사행邪行, 바르지 못한 그릇된 생각은 사념邪念이라고 하지요.

우둔하다 愚鈍--

어리석고 둔하다.

◉ 다산 정약용 선생은 제자에게 '큰 공부는 지혜로 하지 않고 우둔과 졸렬로 하는 것이다'라고 했다고 해요. 꾀 부리거나 자만하지 말고, 꾸준하게 나아가라는 의미겠지요.

✓ 어휘 확인!

① ☐☐☐ 할아버지의 뜻을 꺾을 수 없어 이 아빠는 꿈을 포기했지만, 너는 꼭 네가 하고 싶은 일을 하길 바란다.

② 약한 동물을 아무렇지 않게 괴롭히며 웃는 그의 모습을 보며 인간의 ☐☐☐에 대해 고민하게 되었어.

③ 그는 화가 났는지 ☐☐☐☐☐ 내 팔을 잡아당겼다.

④ 공부는 머리가 아니라 엉덩이로 하는 거란다. 조금 ☐☐☐☐ 보이더라도 조급해하지 말고 꾸준히 해야 해.

⑤ 더 이상 ☐☐☐ 군주의 폭정을 견딜 수 없었던 민중들이 들고 일어났다.

정답 : ① 고지식한 ② 사악함 ③ 극성맞게 ④ 느긋하게 ⑤ 표독한

➤ 함께 알아두기 ◄

고지식하다   성질이 바르고 곧아 융통성이 없다.
▶ **고지식한** 우리 할아버지는 농담도 진담으로 받아들이시기 일쑤야.

표독하다   사납고 악독하다.
標毒--   ▶ 그 연기자는 드라마에서 **표독한** 인물로 등장하지만 실제로 보면 그렇게 순둥이일 수가 없대.

극성맞다   성질이나 행동, 태도가 매우 거세거나 지나치게 적극적이다.
極盛--   ▶ 연예인의 사생활을 알아내기 위해 밤낮없이 해당 연예인을 쫓아다니며 생활하는 **극성맞은** 팬을 '사생팬'이라고 해.

1. 다음 뜻에 해당하는 말을 고르세요.

(1) 성질이나 행동, 태도가 매우 거세거나 지나치게 적극적이다
① 극성맞다　② 포악하다　③ 경박하다　④ 성마르다　⑤ 가증스럽다

(2) 태도가 다정하지 않고 매우 차갑다
① 강퍅하다　② 냉랭하다　③ 냉혹하다　④ 몰염치하다　⑤ 불미스럽다

(3) 이익과 손해에 대한 계산이 빠르며 약다
① 용렬하다　② 표독하다　③ 영악하다　④ 추악하다　⑤ 우악스럽다

2. 〈보기〉의 빈칸에 공통으로 들어갈 알맞은 말의 기본형을 쓰세요.

〈보기〉

• 마음을 _____ 먹고 혼내지 않으면 앞으로도 버릇없이 굴 거야.
• 독재 정권의 _____ 고문을 견디고 민주화를 위해 힘쓰셨다니 대단해.
• 우리 할머니는 어린 시절 _____ 가난에 시달려서 너무 힘드셨다고 해.

3. 말과 뜻을 바르게 연결하세요.

① 박정하다 •　　• 간사하고 악하다
② 사악하다 •　　• 인정이 없고 차갑다
③ 옹졸하다 •　　• 따뜻한 정이 없이 쌀쌀맞고 인정이 없다
④ 무정하다 •　　• 마음이 너그럽지 못하고 생각이 좁다
⑤ 편협하다 •　　• 한쪽으로 치우쳐 도량이 좁고 너그럽지 못하다

4. 다음 이야기 속 인물들의 성격이나 태도를 묘사한 알맞은 말을 〈보기〉에서 찾아 쓰세요.

〈보기〉

- 비루하다 • 교활하다 • 야멸차다 • 잔망스럽다
- 불손하다 • 교만하다 • 우둔하다 • 고지식하다

---

(1) 토끼와 거북이가 서로 누가 더 빠른지 다투다가 마침내 달리기 경주를 하기로 했어. 자기가 더 빠르다는 사실에 자신만만했던 토끼는 길가에 누워 한숨 자고 가기로 했지. 실컷 자고 일어나 달려도 거북이보다 빨리 도착할 수 있다고 생각했거든. 결국 한 번도 쉬지 않고 달린 거북이가 경주에서 이겼다고 해.

(2) 가난한 흥부는 형님인 놀부 집에 와 쌀 좀 빌려 달라고 했어. 하지만 놀부는 쌀이 없다며 썩 꺼지라고 소리만 쳤지. 이번에는 놀부의 아내에게로 가서 "에고 형수님, 밥 한 술만 떠주오. 이 동생을 살려 주오."라고 애원했지만, 그녀는 밥 푸던 주걱으로 흥부의 마른 뺨을 때리기까지 했어.

(3) 까마귀가 어쩌다 고기 한 덩어리를 얻게 되어, 입에 문 채 나뭇가지에 앉아 있었대. 마침 여우가 그 밑을 지나다 까마귀가 물고 있는 고깃덩어리를 보고는, 탐을 내어 빼앗을 궁리를 했지. 여우는 까마귀를 쳐다보고, "까마귀 선생, 내가 듣기에 세상에서 당신의 노랫소리보다 더 듣기 좋은 소리는 없다고 하는데, 그 소리 한 번만 들려주면 소원이 없겠어요." 하고 아첨하며 말했지. 자기 소리가 흉하다는 말만 들어온 까마귀는 기분이 한껏 좋아져서, 고기를 입에 문 채로 "까아옥!" 하고 소리쳤어. 그 바람에 물고 있던 고기가 땅에 떨어지자, 여우는 얼른 고기를 주워 먹고는 달아나 버렸대.

제 3 장

성격과 태도 3

넓은 아량으로
한 번만 용서해 줘

깔끔

기개

맹목적

보수적

옛

뚝심

성미

.

간신들은 영의정을 모함하는 상소를 용의주도하게 써서 유약한 왕에게 올렸어. 왕이 안일하거나 심드렁하게 대처한다면 충신을 잃을 수도 있는 위기 상황이었지. 그러나 왕은 이번만큼은 상소를 받아들이지 않았어. 그러자 도리어 간신들이 의기소침해져서는 순순히 물러났지.

그 애가 성미가 좀 급해서 그렇지 나이에 비해 깜냥이 있다니까요. 그러니 성급하게 어제 하산하고 싶다고 한 이야기는 아량을 베풀어 용서해 주세요. 스승님의 기개를 본받아 뚝심 있게 수행을 하다 보면 무림의 고수가 될 수 있을 거예요.

정의로운 척하던 정치인의 가식의 가면이 드디어 벗겨졌어. 온갖 비리에 연루된 거야. 그가 저지른 비리는 사람들의 상상을 초월할 정도로 심각했어. 이를 지켜본 사람들은 분노해서 그 정치인을 구속하라고 외쳤어. 성난 민심에 위압을 느낀 검찰은 그를 구속했어. 법정에 선 정치인은 자조하며 선처를 구했지. 하지만 이를 지켜보는 사람들은 냉소했어.

나의 꿈은 농구 선수야. 하지만 선천적으로 키가 작다는 이유로 모두들 꿈을 포기하라고 했어. 농구 선수는 전형적으로 키가 크잖아. 보수적인 농구부 감독님도 농구부에 입단하려는 나를 맹목적으로 밀어내셨지. 하지만 나는 포기하지 않을 거야. 낙관적인 생각으로 열심히 노력하다 보면 언젠가는 꿈을 이룰 수 있을 거라 믿어.

심드렁하다

마음에 들지 않아 관심이 없다.

➪ 우리말 어휘를 심드렁하게 보지 말고, 관심을 갖고 하나하나 공부하기로 해요.

안일하다 安逸--

편안하고 한가롭다. 어떤 일을 책임감 없이 피하거나 쉽게 여겨서 관심을 적게 두는 태도가 있다.

➪ 안일하다와 안이安易하다는 많이 헷갈려 하는 말이에요. 안일하다는 쉽고 편안하게 생각해서 관심을 적게 두는 태도라면, 안이하다는 쉽게 생각하는 태도 자체를 말해요.

의기소침하다
意氣銷沈--

자신감이 줄어들고 기운이 없어진 상태이다.

➪ 의기意氣는 어떤 일을 하고자 하는 적극적이고 씩씩한 마음을 뜻해요. 의기양양意氣揚揚하다는 원하던 일을 이루어 만족스럽고 자랑스러운 마음이 얼굴에 나타난 상태를 뜻하는 말이에요.

용의주도하다
用意周到--

신경을 써서 매우 꼼꼼하게 준비하여 빈틈이 없다.

➪ 용의用意는 어떤 일을 하고자 마음을 먹음 또는 그런 마음이라는 뜻이에요. 주로 '~할 용의가 있다(없다)'와 같이 쓰이지요. 용의자容疑者에 쓰인 용의는 범죄의 혐의라는 뜻이니 서로 헷갈리지 마세요.

유약하다 柔弱--

성격이나 태도 등이 부드럽고 약하다.
비슷한말 연약하다軟弱--

➪ 동음이의어 유약幼弱하다는 어리고 약하다는 뜻이에요.

어휘 확인!

① 정민이는 성품이 □□□□ 남의 부탁을 거절하지 못해.

② 떠들썩하던 우리 반 아이들도 중간고사 성적표를 받자 □□□□□
□□.

③ 반복되는 재해에 대한 □□□ 대처가 큰 피해를 낳고 있습니다.

④ 듣기 평가를 앞두고 컴퓨터용 사인펜을 미리 준비하다니, 너 참 □
□□□하구나.

⑤ 방과 후에 떡볶이를 먹으러 가자는 나의 제안에 단짝친구는 어제와
달리 □□□□ 반응을 보였다.

정답 : ①숙맥이어서 ②의기소침했다 ③안일한 ④꼼꼼하고 ⑤새초롬한

 ➤ 함께 알아두기 ◀

의뭉스럽다   겉으로는 어리석은 척, 모르는 척 하지만 속은 전혀 다른 데
가 있다.
    ▶ 그는 **의뭉스럽게** 웃으며 우리에게 다가왔다.

데면데면하다 대하는 태도가 별로 친근하지 않고 무관심한 듯하다. 성질
이 꼼꼼하지 않아 행동이 신중하거나 조심스럽지 않다.
    ▶ 선미와 나는 같은 학교를 나왔지만 친하지 않아서 **데면데면**
한 사이야.

새초롬하다   조금 쌀쌀맞게 시치미를 떼는 태도가 있거나 그렇게 행동하다.
    ▶ 언니에게 신발을 물려받자 동생은 **새초롬한** 표정을 지었다.

성미 性味

개인의 성격, 버릇, 마음가짐 등을 통틀어 이르는 말.

◑ 한자 미味는 맛이라는 뜻으로 많이 알고 있지만 취미趣味, 흥미興味와 같이 기분, 취향의 뜻도 가지고 있어요.

아량 雅量

너그럽고 속이 깊은 마음씨.

◑ 포용包容은 남을 넓은 마음으로 감싸 주거나 받아들이는 것을 말해요. 아량과 마찬가지로 너그러운 마음이 필요한 덕목이랍니다.

뚝심

힘든 일을 버티거나 감당해 내는 굳센 힘과 끈기.

◑ 뚝심은 끈기와 인내심을 말하기도 하지만 좀 미련하게 불뚝 내미는 힘을 말할 때도 쓴답니다.

깜냥

어떤 일을 할 수 있는 능력. 어떤 일을 판단하는 능력. 또는 그러한 근거.

◑ 깜냥깜냥은 자신의 힘을 다하여라는 뜻의 부사예요.

기개 氣概

씩씩한 기상과 굳은 절개.

◑ 기상氣像은 사람이 타고난 굳센 정신을 뜻하고, 절개節槪는 신념이나 원칙 등을 굽히지 않고 굳게 지키는 태도를 뜻해요.

어휘 확인!

① 투수의 강인한 ☐☐이 돋보인 경기였다.

② 우리 양궁 선수들은 금메달로 한국의 ☐☐를 전 세계에 떨쳤다.

③ 어려운 일을 해결해 나가는 ☐☐을 보니 안심이 되는구나.

④ 담임 선생님이 넓은 ☐☐으로 내 잘못을 용서해 주셨어.

⑤ 네 고약한 ☐☐를 고치지 않으면 친구들과 친하게 지낼 수 없을 거야.

▶ 함께 알아두기 ◀

주변머리 속된 말로 일이 잘되도록 중간에서 힘쓰거나 일을 융통성 있게 함.
  ▶ 미현이는 **주변머리**가 좋아서 처음 보는 사람과도 쉽게 인사를 나누었다.

다혈질多血質 성질이 급하고 자극에 민감하여 쉽게 흥분하는 기질.
  ▶ 이제 너도 선배가 되었으니 **다혈질**인 성격을 고쳐야지.

강단剛斷 굳은 의지로 견디는 힘.
  ▶ 웬만한 일에는 기죽지 않을 만큼 저도 이제 **강단**이 생겼어요!

패기覇氣 어떤 힘겨운 일이라도 해내려는 굳센 정신.
  ▶ 늘 **패기** 넘치는 준희의 모습을 보면 나도 힘이 솟는 것 같아.

가식 假飾

말이나 행동을 거짓으로 꾸밈. 비슷한말 가장假裝

◐ 사람의 말이나 행동을 거짓으로 꾸미는 것이 가식이고 진실이 아닌 것을 진실로 꾸미는 것은 허위虛僞랍니다. '허위 광고, 허위 보도'와 같이 쓰이지요.

위압 威壓

두려움을 느끼게 하는 태도나 강력한 힘 등으로 정신적으로 내리누름.

◐ 위威는 권위, 세력, 힘을 뜻하는 한자예요. 위협, 위세, 위력 등과 같이 쓰이지요.

자조 自嘲

스스로 자기를 비웃음.

◐ 자기를 스스로 반성한다는 뜻의 자조自照, 자기의 발전을 위하여 스스로 애쓴다는 뜻의 자조自助, 새끼가 어미에게 먹이를 날라다 주는 인자한 새, 까마귀를 가리키는 자조慈鳥 모두 동음이의어랍니다.

초월 超越

현실적이고 정상적인 한계를 뛰어넘음.

◐ 초탈超脫은 세속적인 것이나 일반적인 한계를 벗어남을 뜻하고, 초연超然하다는 어떤 현실 속에서 벗어나 그 현실에 아랑곳하지 않고 의젓하다는 뜻이에요.

냉소 冷笑

쌀쌀한 태도로 비웃음. 또는 그런 웃음.

◐ 소笑는 웃음 또는 비웃음을 뜻하는 한자예요. 미소微笑는 소리 없이 빙긋이 웃는 웃음이고, 박장대소拍掌大笑는 손뼉을 치며 크게 웃는 웃음이랍니다.

어휘 확인!

① 우리는 상대팀을 응원하는 관중들의 엄청난 함성 소리에 □□을 느꼈다.

② 나는 항상 □□ 없이 진실된 행동을 하려고 노력한다.

③ 이 영화는 시공간을 □□한 사랑을 감동적으로 형상화하였다.

④ 그는 불합격하리란 걸 예상이라도 한듯 어깨를 늘어뜨리고 □□ 섞인 미소를 지었다.

⑤ 그렇게 입가에 □□를 머금고 나를 바라보지 마! 아주 기분이 나쁘단 말이야.

정답 : ①압박 ②가식 ③초월 ④자조 ⑤조소

➤ 함께 알아두기 ◀

파격 破格   일정한 격식을 깨뜨림. 또는 그 격식.
▶ 그 가수의 노랫말은 지금껏 들어보지 못한 **파격**을 선보였어.

편향 偏向   한쪽으로 치우침.
▶ 독서도 식단처럼 한쪽으로만 **편향**되면 이롭지 않단다.

고답 高踏   속세에 초연하며 현실과 동떨어진 것을 고상하게 여기는 데가 있음.
▶ 한옥에 깃든 **고답**적인 아름다움을 느껴 보렴.

맹목적 盲目的

사실을 옳게 보거나 판단하지 못한 채로 무조건 행동하는 일.

➡ –적的은 그 성격을 띠는, 그에 관계된, 그 상태로 된이라는 뜻을 더하는 접미사예요.

낙관적 樂觀的

인생이나 세상을 긍정적이고 희망적으로 보는 것. 앞날의 일이 잘될 것이라고 믿는 것.
반대말 비관적悲觀的

➡ 인생이나 세상을 즐겁고 좋게 생각하는 것을 낙천적樂天的이라고 해요. 낙천적의 반대말은 염세적厭世的이에요.

선천적 先天的

태어날 때부터 지니고 있는 것.

➡ 후천적後天的은 성질, 체질, 질환 등이 태어난 뒤에 얻어진 것을 뜻해요.

전형적 典型的

같은 갈래에 속하는 것들의 특징을 가장 잘 나타내는 것.

➡ 개성적個性的은 다른 것과 구별되는 고유의 특성을 가지는 것을 뜻해요.

보수적 保守的

새로운 것이나 변화를 적극적으로 받아들이기보다는 전통적인 제도나 방법을 그대로 지키려는 것.
반대말 진보적進步的

➡ 보수주의는 급격한 변화를 반대하고 전통을 지키며, 그대로 또는 조금씩 나아가는 개혁을 주장하는 사고방식이나 그런 태도를 말해요.

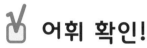 어휘 확인!

① 브랜드에 대한 ☐☐☐인 집착을 버리고 실용성을 생각합시다.

② 이 가수는 아름다운 목소리를 ☐☐☐으로 타고났어.

③ 흥선대원군은 서양과의 교류에 ☐☐☐인 정책을 펼쳤다.

④ 이 소설은 가부장적인 남성의 모습을 ☐☐☐으로 보여 주고 있어.

⑤ 주공격수가 부상을 당했지만 우리는 이길 수 있다는 ☐☐☐인 태도를 잃지 않았다.

정답 : ① 맹목적 ② 선천적 ③ 폐쇄적 ④ 전형적 ⑤ 낙관적

➤ 함께 알아두기 ◄

격정적 激情的 감정이 강하게 치밀어 올라 참기 어려운 것.
　　　　　▶ 이 곡을 **격정적**으로 연주하는 모습이 정말 인상적이야.

미온적 微溫的 태도가 소극적인 것.
　　　　　▶ 정부의 **미온적**인 대처가 일을 더 크게 만들었어.

사교적 社交的 여러 사람과 쉽게 잘 사귀는 것.
　　　　　▶ 내 짝은 **사교적**이지 않아서 나 외에는 친구가 거의 없어.

호전적 好戰的 싸우기를 좋아하는 것.
　　　　　▶ 이 부족은 **호전적**인 기질을 타고나는 것 같아.

독선적 獨善的 자기 혼자만이 옳다고 믿고 행동하는 것.
　　　　　▶ 우리 조의 조장은 너무 **독선적**으로 자기 의견만 내세우는 것 같아.

1. 다음 뜻에 해당하는 말을 고르세요.

(1) 말이나 행동을 거짓으로 꾸밈
① 파격   ② 고답   ③ 편향   ④ 가식   ⑤ 위압

(2) 어떤 일을 할 수 있는 능력이나 어떤 일을 판단하는 능력
① 성미   ② 깜냥   ③ 아량   ④ 기개   ⑤ 강단

(3) 성격이나 태도 등이 부드럽고 약하다
① 유약하다 ② 새초롬하다 ③ 의뭉스럽다 ④ 의기소침하다 ⑤ 데면데면하다

2. 〈보기〉를 읽고 밑줄 친 동물의 행동을 뜻하는 말을 쓰세요.

───── 〈보기〉 ─────

(1) 콜레토구관조는 다른 종과 함께 있으면 심각한 외상을 입힐 수도 있는데, 번식기에 둥지를 쟁취하기 위해 매우 사납게 행동한다고 해요. 아마도 <u>싸우기 좋아하는 성질</u>을 가지고 있는 듯하네요.

(2) 얼마 전, 인터넷에 올라온 사진으로 화제가 된 동물이 있어요. 인디오 말로 '초원의 지배자'라는 뜻을 가진 가장 큰 설치류 카피바라예요. 새, 원숭이, 강아지 등이 자신의 등에 올라타고 옆에 와도 아무렇지 않게 잘 어울리더군요. <u>여러 동물뿐만 아니라 사람과 쉽게 잘 사귀는 모습</u>을 보니 이런 특성이 강한 것 같지요?

3. 다음 빈칸에 들어갈 알맞은 말을 둘 중에서 고르세요.

(1) 그는 <u>주변머리 / 뚝심</u>이/가 세서 이 정도 어려운 일은 거뜬히 이겨 낼 수 있을 거야.

(2) 이제 그만 <u>맹목적 / 미온적</u>인 태도로 다른 나라의 문화를 추종하지 말고 우리 문화의 우수성을 찾아보자.

4. 〈보기〉의 밑줄 친 말을 문맥에 맞게 고쳐 쓰세요.

〈보기〉

(1) 이번 방화 사건은 범인이 사전에 계획하여 치밀하고 <u>심드렁하게</u> 준비하여 일으킨 범죄라고 합니다.

(2) 한국을 대표하는 피겨스케이팅 선수는 <u>긍정적인</u> 리듬에 맞춰 강렬한 감정을 표현했다.

5. 반대말끼리 연결하세요.

낙관적 •   • 보수적
낙천적 •   • 비관적
진보적 •   • 염세적

6. 다음 대화의 빈칸에 들어갈 알맞은 말을 〈보기〉에서 찾아 쓰세요.

〈보기〉

• 안일하다: 쉽고 편안하게 생각해서 관심을 적게 두는 태도
• 안이하다: 쉽게 생각하는 태도 그 자체

(1) 영준: 아무것도 안하고 텔레비전만 보면서 지내고 싶어.
　　민영: 그렇게 _____ 살다 보면 나이 먹는 건 순식간이야.

(2) 수민: 겨울은 너무 추운 데다 몸도 피곤하니까 운동은 쉴래.
　　재성: 너처럼 _____ 지내면 금방 살이 찔 거야.

틀리기 쉬운 우리말 +++

어휘의 뜻을 정확하게 알면 틀리지 않고 상황에 맞게 쓸 수 있어요

어이⭕
어의❌

뜻밖이어서 기가 막힐 때 '어의가 없다'라고 쓰는 경우가 있는데 '어이가 없다'라고 써야 해요. 어의御衣는 임금이 입는 옷을 뜻해요.

짜깁기⭕
짜집기❌

기존의 글이나 영상 등을 편집하여 하나의 완성품으로 만드는 일을 뜻하는 짜깁기는 구멍이 뚫린 부분을 실로 '짜'서 '깁는' 것에서 유래됐어요.

꿰매다⭕
꼬매다❌

실을 바늘에 '꿰'고, 풀어지지 않도록 '매'야 바느질을 할 수 있지요? 바늘로 깁는 건 이 둘이 합쳐진 꿰매다라는 것, 잊지 마세요!

치고받다⭕
치고박다❌

한 명이 '치고', 또 다른 한 명이 그 주먹을 '받'으면서 싸움이 이루어지지요? 이처럼 서로 말로 다투거나 실제로 때리면서 싸우는 것을 치고받다라고 해요.

눈곱⭕
눈꼽❌

눈에서 나오는 액이나, 그것이 말라붙은 것은 눈곱이라고 써요. 마찬가지로 두 눈썹 사이에 잡히는 주름은 눈쌀이 아닌 눈살이라고 쓴답니다.

게거품⭕
개거품❌

게는 스트레스를 받으면 입에서 거품을 토해요. 사람이나 동물이 괴롭거나 흥분했을 때 입에서 나오는 거품 같은 침도 게거품이라고 하지요.

다르다⭕
틀리다❌

내 친구는 나와 다른 걸까요, 틀린 걸까요? 틀리다는 계산이나 답, 사실이 맞지 않을 때 쓰는 말이기 때문에 다르다라고 해야 해요.

치르다 〇
치루다 ✕

주어야 할 돈을 내주거나, 어떤 일을 겪어 낼 때는 치르다라고 해야 해요. 치루는 치질이라는 병의 일종이고요.

안절부절못하다 〇
안절부절하다 ✕

마음이 초조하고 불안해서 어찌할 바를 모르다라는 뜻을 가진 말은 안절부절못하다예요.

잠그다 〇
잠구다 ✕

문은 '잠구'지 않고 '잠그'지요. 그래서 문은 잠궜다라고 하지 않고, 잠갔다라고 해야 해요. 마찬가지로 김치도 담궜다라고 하지 않고, 담갔다라고 한답니다.

코빼기 〇
콧배기 ✕

코빼기는 코에 -빼기가 합쳐진 말이에요. 곱빼기도 곱에 -빼기가 합쳐진 말이고요. 하지만 뚝배기는 단일어이기 때문에 뚝배기로 적어야 해요.

두루뭉술하다 〇
두리뭉실, 두루뭉실 ✕

말이나 행동이 분명하지 않을 때 두루뭉술하다라고 해요. 네 글자 전부 모음 'ㅜ'가 들어간 것을 기억한다면 앞으로 틀리지 않을 거예요.

삼가다 〇
삼가하다 ✕

명사 뒤에 하다를 붙여서 '공부하다, 생각하다'와 같이 동사를 만드는 경우가 있지만, 삼가다는 그 자체가 동사이므로 하다를 붙여 삼가하다라고 쓸 수 없어요.

방방곡곡 〇
방방곳곳 ✕

한 군데도 빠짐이 없는 모든 곳이라는 뜻의 방방곡곡은 마을이라는 뜻의 한자 방坊과 굽이굽이 돌아가는 마을을 뜻하는 한자 곡曲이 합쳐져 만들어진 말이에요.

며칠 〇
몇일 ✕

오늘 날짜를 물어볼 때 몇일이 맞을까요, 며칠이 맞을까요? 그 달의 몇째 되는 날의 뜻을 가진 며칠이 표준어예요. 더 이상 헷갈리지 마세요.

제 4 장

감정과 기분 1

희비가 엇갈리는 극적인 순간이야

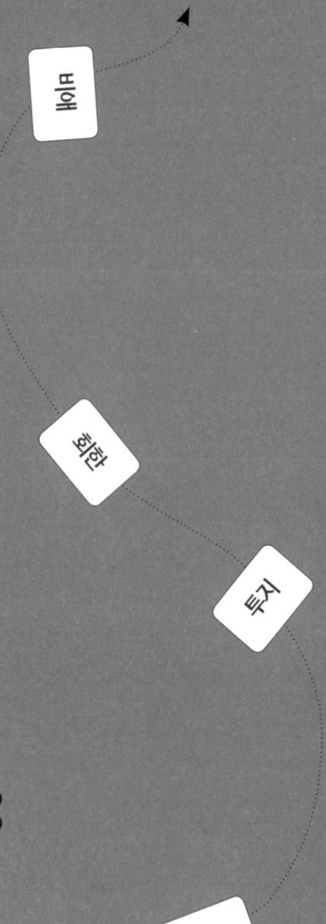

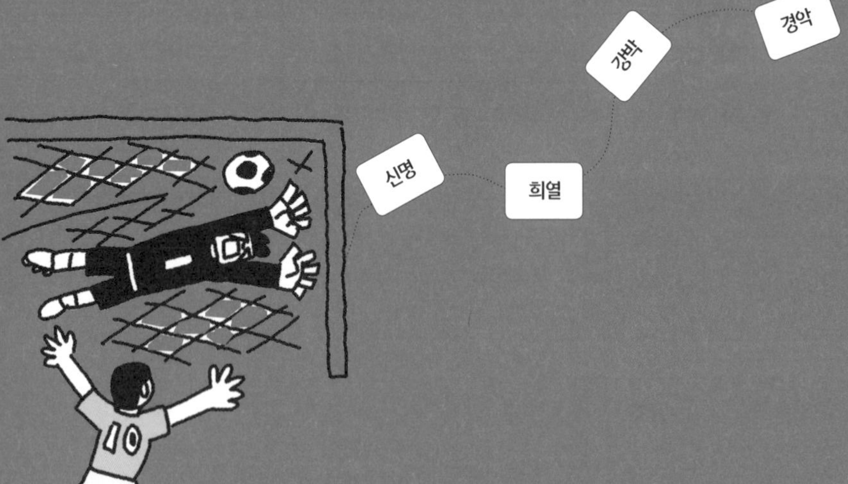

ꕯ.

우리 반은 체육대회에서 농구 결승전에 진출했어. 그 경기에서 내
가 넣은 마지막 골로 우승의 희비가 엇갈렸지. 우리 반은 짜릿하고
신명 나는 역전승의 희열을 맛보았지만, 강력한 우승 후보였던 1반
은 우승의 환희를 만끽하려던 순간이 날아가 버렸거든.

지난주에 봉사 단체 사람들과 지진 피해를 입은 경주에 다녀왔어
요. 실제로 보니 생각했던 것보다 더 참담하더군요. 이를 본 사람들
의 표정은 침통해졌지요. 무너진 기와집에 비까지 내려 우리를 비
애와 우수에 젖게 만들었답니다. 자꾸 처연해지는 마음을 추스르고
복구 작업을 시작했어요. 그 순간만큼은 모두 한마음으로 일에 열
중했지요.

일제강점기를 다룬 다큐멘터리를 보는데 울화가 치밀어 오르더
라고. 당시 일본의 만행에 경악할 수밖에 없었어. 한 독립운동가는
창씨개명을 강요하는 일본의 모습에 적개심을 느껴 독립운동에
대한 투지를 다졌다고 해. 독립운동을 더 열심히 하지 못했다는 자
괴감으로 회한에 잠긴 인터뷰를 보니 절로 숙연해졌어.

첫눈이 내리자 우리는 강박에 사로잡힌 것처럼 국어 선생님께 첫
사랑 이야기를 해 달라고 졸랐어. 선생님은 곤혹스러운 표정을 지
으셨지만 안 된다고 해 보았자 부질없다고 생각하셨는지 공허한
눈길로 창밖을 보시고는 곧 이야기를 시작하셨어. 흥미진진하지
만 슬픈 첫사랑 이야기에 지어낸 게 아닌가 하는 의구심이 들었지
만 선생님의 진지한 표정에 믿지 않을 수가 없더라.

희열 喜悅

기쁨과 즐거움. 또는 기뻐하고 즐거워함.
반대말 분노憤怒

➡ 접미사 −감感은 감정이나 느낌의 뜻을 더하는 말이에요. 희열감은 기쁘고 즐거운 감정이라는 뜻이 되지요.

환희 歡喜

크게 기뻐함. 또는 큰 기쁨.

➡ 환歡과 희喜는 기쁘다는 뜻을 가진 한자예요. 기뻐서 큰 소리로 외친다는 뜻의 환호歡呼, 기쁘고 즐거운 마음을 뜻하는 환심歡心, 오는 사람을 기쁘게 맞이한다는 뜻의 환영歡迎 등에 쓰이지요.

신명

몹시 신나고 흥겨운 기분이나 감정. 비슷한말 신

➡ 흥興은 즐거운 감정 또는 즐거움을 일어나게 하는 감정을 뜻해요. 흥겨움은 흥이 나서 기분이 좋고 즐겁다는 뜻이고요.

만끽 滿喫

충분히 만족할 만큼 느끼고 즐김.

➡ 만끽을 순우리말로 알고 있는 경우가 있는데, 한자어에요. 만滿은 가득 차다, 끽喫은 먹다를 뜻해요. 배가 가득 찰 만큼 마음껏 먹고 마시다 보면 즐거워지겠죠? 바로 이러한 상태를 만끽이라고 할 수 있어요.

희비 喜悲

기쁨과 슬픔을 아울러 이르는 말. 비슷한말 애환哀歡

➡ 아우르다는 여럿을 모아 한 덩어리가 되게 한다는 뜻이에요. 희비와 같이 뜻이 대비되는 한자를 합쳐 두 가지를 아우르는 뜻을 만든 말은 명암明暗, 경중輕重, 강약强弱 등이 있지요.

어휘 확인!

① 주말에 가족 캠핑을 가기로 했어. 정말 □□ 나게 놀다 올 거야.

② 오디션 결과 발표장은 그야말로 □□가 교차했다.

③ 올림픽에서 금메달을 목에 건 양궁 국가대표 선수들은 승리의 기쁨을 □□했다.

④ 9회말 투아웃에서 끝내기 홈런으로 팀의 승리를 이끌어 낸 선수가 □□의 순간을 만끽하고 있다.

⑤ 힘들고 어려운 작업이었지만 모든 걸 끝내고 나니 어마어마한 □□을 느낄 수 있었다.

정답 : ① 신명 ② 희비 ③ 만끽 ④ 환희 ⑤ 성취감

  ## ▶ 함께 알아두기 ◀

고양高揚 의식, 감정, 분위기 등을 한껏 북돋워서 높임.
  ▶ 교통사고를 줄이려면 무엇보다도 시민의 준법정신이 **고양**되어야 한다.

격앙激昂 감정이나 기운 등이 격하게 일어나 높아짐.
  ▶ 민주주의의 질서를 무너뜨린 이번 사태에 온 국민의 분노가 **격앙**되어 있다.

쾌재快哉 마음먹은 대로 일이 잘되어 외치는 만족스럽게 여김. 또는 그럴 때 지르는 소리.
  ▶ 그는 자신의 계략이 예상대로 먹혀들어 가자 속으로 **쾌재**를 불렀다.

흔쾌하다
欣快ーー 기쁘고 유쾌하다.
  ▶ 그는 그녀의 제안을 **흔쾌하게** 받아들였다.

참담하다 惨憺--

끔찍하고 절망적이다. 마음이 몹시 슬프고 괴롭다.

▶ 참惨은 끔찍하고 절망적이거나 몹시 슬프고 괴로운 마음을 뜻하는 한자예요. 이 한자가 쓰인 말로는 참패, 참사, 비참 등이 있어요.

침통하다 沈痛--

슬픔이나 걱정 등으로 마음이 몹시 무겁고 괴롭거나 슬프다.

▶ 잠기다, 가라앉다의 뜻을 가진 한자 침沈은 침수, 침몰, 침울 등에도 쓰여요.

처연하다 悽然--

애달프고 구슬프다.

▶ 애달프다는 마음이 안타깝거나 쓸쓸하다는 뜻이고, 구슬프다는 처량하고 슬프다는 뜻이에요.

비애 悲哀

슬픔과 서러움.

▶ 시인 윤동주의 시에는 일제강점기 시대를 살아가던 식민지 청년의 비애가 잘 드러나 있어요.

우수 憂愁

근심과 걱정을 아울러 이르는 말.

▶ 동음이의어 우수優秀는 여럿 중에서 뛰어남을 뜻하고, 우수雨水는 겨울이 지나 비가 오고 얼음이 녹는다는 날로 이십사절기 중의 하나예요.

어휘 확인!

① 가을밤에 홀로 앉아 내리는 빗소리를 들으니 마음이 □□□졌다.

② 또다시 시험에 떨어지고 나니 □□□ 마음을 숨길 수가 없었다.

③ 존경하던 선생님의 부고를 접한 우리는 □□□ 분위기에 휩싸였다.

④ □□ 어린 눈빛과 그윽한 표정으로 관객을 사로잡았던 배우가 새로운 영화로 다시 돌아왔다.

⑤ 〈무한도전〉의 무한상사는 샐러리맨의 □□를 담아 내어 시청자들의 호평을 받았다.

정답 : ① 애통해 ② 자괴감 ③ 황망한 ④ 애틋 ⑤ 애환

 ▶ 함께 알아두기 ◀

낙담落膽 바라거나 계획했던 일이 뜻대로 되지 않아 크게 실망함.
　　　　▶ 알파고와의 대결에서 이세돌 9단이 2패를 하자 국민들은 **낙담**했다.

자괴감自愧感 스스로 부끄러움을 느끼는 마음.
　　　　▶ 그녀는 떨리는 목소리로 내가 이러려고 이 자리에 올랐냐며 **자괴감**을 드러냈다.

황망하다 마음이 몹시 급하여 어찌할 바를 모르고 허둥지둥하다.
慌忙--　　▶ 그는 약속 시간에 늦었다며 **황망하게** 그 자리를 떠났다.

애통하다 슬프고 가슴 아프다.
哀痛--　　▶ 열심히 훈련했는데 부상으로 경기에 출전하지 못하다니, 정말 **애통한** 일이야.

적과 싸우고자 하는 마음. 또는 적에게 느끼는 분노와 증오.

○ 적개심은 적에게 느끼는 분노와 증오이지만, 적대감敵對感은 적으로 여기는 감정을 뜻해요.

적개심 敵愾心

마음속이 답답하여 일어나는 화.

○ 마음속에 쌓이고 쌓인 화를 속된말로 울화통이라고 하고, 화가 풀리지 못하고 쌓여서 생긴 병을 울화병이라고 해요.

울화 鬱火

싸우고자 하는 강하고 단단한 마음.

○ 투지력이 싸우고자 하는 의지나 힘을 뜻하는 말이라면 전투력은 싸움에 필요한 병사, 무기 등의 객관적인 능력과 힘을 뜻해요.

투지 鬪志

소스라치게 깜짝 놀람.

○ 경악은 주로 좋지 않은 일로 깜짝 놀랄 때 쓰이는 말이에요.

경악 驚愕

잘못 등을 뉘우치고 한탄함.

○ 간혹 회한과 회환을 헷갈려 하는 경우가 있어요. 회환回還은 갔다가 다시 돌아옴이라는 뜻을 지닌 말이에요. 이제는 헷갈리지 마세요.

회한 悔恨

어휘 확인!

① 스포츠에서 강한 승리욕을 드러낼 수 있지만 과도한 ☐☐☐을 드러내서는 안 돼.

② 수많은 인명 피해를 낸 지진 뉴스를 지켜본 국민들은 ☐☐을 금치 못했다.

③ 화가 날 때, 별것 아닌 일에도 ☐☐가 치밀어 오를 때는 그 분노를 터뜨릴 상대를 빈 배처럼 바라보세요.

④ 축구선수들은 한일전 경기에서 꼭 이기고야 말겠다는 ☐☐를 담아 기념사진을 촬영했다.

⑤ 그는 방황하며 보낸 젊은 시절을 생각하며 ☐☐에 잠겼다.

정답 : ① 경각심 ② 통탄 ③ 격분 ④ 모멸 ⑤ 통탄함

➤ 함께 알아두기 ◀

통탄痛嘆　　가슴 아파하며 탄식함.
　　　　▶ 그는 부모님 말씀을 듣지 않고 속만 썩였던 지난날들을 **통탄**하고 있어.

모멸侮蔑　　업신여기고 얕잡아 봄.
　　　　▶ 상도는 백정의 아들이라는 이유로 청혼을 거절당하는 **모멸**을 겪었다.

경각심警覺心　정신을 차리고 주의하며 경계하는 마음.
　　　　▶ 화재나 지진과 같은 재난에 대한 **경각심**을 일깨우기 위해서 소방훈련을 실시했다.

격분激忿　　몹시 화를 냄.
　　　　▶ 북한의 핵실험 도발에 한반도 주변 국가들이 **격분**했다.

곤혹스럽다 困惑---

곤란한 처지가 되어서 어찌해야 할지 몰라 난처하다.

◐ -스럽다는 그러한 성질이 있음의 뜻을 더하고 형용사를 만드는 접미사예요. 부담스럽다, 사랑스럽다, 다행스럽다 등이 있어요.

부질없다

헛되고 쓸모가 없다.

◐ 불질이 제대로 되지 않은 쇠는 금세 휘어지므로 나중에 쓸모가 없는 쇠뭉치밖에는 되지 않는다는 뜻의 불질없다에서 유래한 말이에요.

공허하다 空虛--

아무런 실속이나 보람 없이 헛되다. 아무것도 없이 텅 비다.

◐ 어느 순간 마음이 텅 빈 것같이 허전한 느낌을 경험한 적이 있나요? 이런 느낌을 공허감이라고 해요. 하지만 하루하루를 충실히 살아간다면 공허하다는 생각을 떨쳐 버릴 수 있을 거예요.

의구심 疑懼心

믿지 못하고 두려워하는 마음. 비슷한말 의심疑心

◐ 의구감은 믿지 못하고 두려워하는 느낌이에요. 이처럼 심心은 마음을, 감感은 느낌을 뜻해요. 공포심·공포감, 경외심·경외감도 뜻을 구분해서 사용하도록 하자고요.

강박 强迫

어떤 한 가지 생각이나 감정에 사로잡혀서 매우 심한 압박을 느낌.

◐ 마음속에서 떨쳐 버리기 어려운 매우 억눌린 생각을 강박관념이라고 하고, 떨쳐 버리려 해도 자꾸 떠올라 불안한 생각에 사로잡히게 되는 증세를 강박증이라고 해요.

어휘 확인!

① 지나간 일은 후회해 보았자 다 ☐☐☐☐ 것이다.

② 요즘에는 취직했느냐는 질문이 젊은이들을 가장 ☐☐☐☐☐ 한다.

③ 그의 사과가 그녀의 마음을 달래줄지 ☐☐☐이 들었다.

④ 그녀는 시험에서 꼭 1등을 해야 한다는 ☐☐을 가지고 있다.

⑤ 현철이는 시험이 끝난 후 밀려오는 ☐☐☐☐ 헛헛한 마음을 달래기 위해 친구에게 전화를 걸었다.

정답 : ①속절없는 ②무료하게 ③위화감 ④강박증 ⑤멋쩍은모양으로

➤ 함께 알아두기 ◀

무료하다 無聊--	흥미나 의욕이 없어 지루하고 심심하다. ▶ 친구와의 약속이 깨지는 바람에 **무료한** 토요일을 보냈어.
멋쩍다	어색하고 쑥스럽다. ▶ 그는 당연한 일을 했는데 칭찬을 받았다며 **멋쩍어** 했다.
향수鄕愁	고향을 그리워하는 마음이나 시름. ▶ '응답하라' 시리즈는 옛 시절에 대한 **향수**를 불러일으키는 대표적인 드라마이다.
위화감違和感	서로 어울리지 않고 어색한 느낌. ▶ 빈부격차로 인한 **위화감**을 불러일으키는 상황을 만들지 않도록 노력해야 한다.

1. 다음 뜻에 해당하는 말을 고르세요.

(1) 아무런 실속이나 보람 없이 헛되다
① 멋쩍다 ② 참담하다 ③ 처연하다 ④ 공허하다 ⑤ 침통하다

(2) 슬픔과 서러움
① 환희 ② 비애 ③ 낙담 ④ 경악 ⑤ 고양

(3) 마음속이 답답하여 일어나는 화
① 모멸 ② 회한 ③ 우수 ④ 울화 ⑤ 의구심

2. 〈보기〉에서 설명하고 있는 말을 쓰세요.

―――――― 〈보기〉 ――――――

불질은 대장간에서 쇠붙이를 만들 때 행하던 과정으로, 불에 쇠를 달구었다가 두 드리고 물에 넣는 과정을 반복하는 것을 말해요. 이 과정을 반복해야만 단단한 쇠 붙이를 만들 수 있었기 때문에 불질을 제대로 하지 않은 '불질없는' 쇠는 아무 쓸모 가 없는 것이 되어 버려요. 여기에서 쓸모없다는 뜻의 이 말이 유래되었답니다.

3. 〈보기〉의 작품에서 표현된 '말하는 이(화자)'의 정서에 해당하는 말을 고르세요.

―――――― 〈보기〉 ――――――

넓은 벌 동쪽 끝으로
옛 이야기 지줄대는 실개천이 휘돌아 나가고,
얼룩백이 황소가
해설피 금빛 게으른 울음을 우는 곳,

―그곳이 차마 꿈엔들 잊힐리야.

① 향수 ② 통탄 ③ 격분 ④ 경각심 ⑤ 위화감

4. 〈보기〉의 빈칸에 들어갈 알맞은 말을 쓰세요.

―――――――― 〈보기〉 ――――――――

올해 세계 레슬링 대회 우승 후보 김진우 선수, 부상도 이겨 내는 _____와 정신력 발휘!

(…) 계속해서 이어지는 치열한 경기에 손가락을 다쳤다. 맨몸으로 매트 위에서 힘을 겨뤄야 하는 레슬링의 특성상 상대 선수와 부딪히며 손가락에 충격이 온 것이다. 급하게 투입된 현장 의료진의 응급 처치를 받은 그는 경기를 포기하지 않고 2회전 경기까지 치렀다.

5. 다음 빈칸에 들어갈 알맞은 말을 〈보기〉에서 찾아 쓰세요.

〈보기〉	• 쾌재　　• 강박　　• 만끽　　• 희열　　• 경악

(1) 그녀는 다른 사람을 도우며 _____을/를 느끼는 삶에 만족한다.

(2) 계획대로 일이 순조롭게 진행되자 그는 _____을/를 불렀다.

(3) 그는 맏이로서 가족들의 생계를 책임져야 한다는 _____을/를 느꼈다.

(4) 프로야구 결승전에서 우승이 결정되는 순간 팬들은 폭죽을 터뜨리며 즐거움을 _____했다.

(5) TV 다큐멘터리를 통해 가축의 잔인한 도축 장면을 본 사람들은 _____을/를 금치 못했다.

≡

제 5 장

감정과 기분 2

가수의 꿈을
항상 동경해 왔어

요</br>통

만감

선망

회심

만감

탐욕

염원

▲.

나도 사무치는 외로움과 애틋한 그리움을 알아. 나도 사랑하는 누
군가를 만나서 그에게 연정을 느끼며 알콩달콩 연애하고 싶다니
까. 나라고 해서 연애에 대한 동경이 없겠느냐고. 연인이 있는 친
구들이야말로 내 선망의 대상이지.

갈망이 있다면 하느님께 기원을 하세요. 마음을 다한 염원은 이루
어진다고 하잖아요. 사람마다 기호가 다르듯이 사람들의 바람도
같지 않겠죠. 어떤 이는 부귀영화를 원하고, 또 어떤 이는 무병장
수를 꿈꾸듯이. 하지만 세상의 좋은 것 모두를 바란다면 그건 탐욕
이겠지요.

최근에 내가 반감을 갖게 된 친구가 있었어요. 본래는 단짝친구였
는데…… 뜻밖에 오늘 전화가 왔더라고요. 받을까 말까 만감이 교
차하고 심경이 복잡했는데, 막상 전화를 받으니 친구가 제 심금을
울리게 사과를 하는 거예요. 나는 회심의 미소를 지었죠. 사실 내
가 먼저 사과하고 싶었지만 자존심 때문에 망설이고 있었거든요.

우월감도 열등감의 표현이래요. 그냥 자긍심만 가지고 살면 안 될
까요? 그러면 남에게 뒤처질 걸 두려워하는 불안감보다 현재의 소
박한 삶에서 찾은 안도감이 커지겠죠. 남들과 비교하면서 현재를
불평하는 사람은 측은해 보여요. 우린 하루하루를 경이로운 선물
로 여기며 최선을 다해 살자고요.

사무치다

마음속 깊이 느껴지다.

◎ '뼈에 사무치다'라는 표현은 뼛속에 파고들 정도로 깊고 강하다는 뜻이에요. 뼈저리다, 뼈아프다는 후회, 반성 등의 감정이 뼈에 사무칠 정도로 깊다는 말이랍니다.

애틋하다

섭섭하고 안타까워 애가 타는 듯하다. 아끼고 위하는 정이 깊다.

◎ 애는 초조한 마음을 뜻하는 말이에요. 주로 '애가 타다, 애가 끓다'와 같이 쓰이지요. 애가 타는 듯하다는 건 마음속이 타들어 가는 것 같이 아프다는 뜻이겠지요?

동경 憧憬

어떤 대상을 마음속으로 간절히 그리워하고 바람.

◎ 이상 세계에 대한 동경이나 어른이 된 이후의 삶에 대한 동경과 같이 사람들은 자신이 가지지 못한 것을 꿈꾸게 마련이지요.

선망 羨望

부러워하며 그렇게 되기를 바람.

◎ 선羨은 부러워한다는 뜻이고, 망望은 바란다는 뜻이에요. 어떤 사람은 연예인을 선망하고, 어떤 사람은 선생님을 선망해요. 여러분에게 선망의 대상은 누구인가요?

연정 戀情

이성의 상대를 사랑하고 그리워하는 마음.
비슷한말 연심戀心

◎ 연정과 같이 사랑과 관련된 말은 참 많아요. 연모戀慕는 이성을 사랑하며 몹시 그리워한다는 뜻이고, 경애敬愛는 공경하고 사랑한다는 뜻이지요. 이 외에도 사랑과 관련된 말을 생각해 보세요.

✔️ 어휘 확인!

① 형제 사이인데도 □□□이 없으니까 남처럼 데면데면해.

② 모든 학생들이 연예인을 □□의 대상으로 삼는 것은 아니야.

③ 혜진이와 나는 그냥 친구 사이였는데 어느 날부터인지 갑자기 그 애한테 □□이 느껴져서 무척 당황스러워.

④ 어려서 어머니를 여의고 난 후 그는 □□□□ 그리움 속에서 살았대.

⑤ 미지의 세상에 대한 기대와 □□ 덕분에 그는 여행 전문가가 될 수 있었다.

정답 : ①애틋한 ②흠모 ③호의 ④애틋한 ⑤신망

➤ 함께 알아두기 ◀

신망信望 믿고 기대함. 또는 그런 믿음.
 ▶ 민경이는 겸손하면서도 공부를 잘해서 급우들에게 **신망**이 두텁단다.

흠모欽慕 기쁜 마음으로 존경하고 마음속 깊이 따름.
 ▶ 독자들이 작가님을 오랫동안 **흠모**하는 이유가 뭘까요?

호의好意 친절한 마음씨. 또는 어떤 대상을 좋게 생각하는 마음.
 ▶ 바쁘신 중에도 배웅까지 나와 주신 **호의**에 거듭 감사드립니다.

애착愛着 몹시 사랑하여 떨어질 수 없는 마음.
▶ **애착**이 심해지면 집착이 될 수 있어.

73

염원 念願

간절히 생각하고 바람. 또는 그런 것.
비슷한말 소망所望

◐ 염원보다는 바람이나 소원이 순화된 단어랍니다. 바램이라고 쓰는 사람이 많은데, 동사의 기본형이 바라다이므로 바람이 올바른 표현입니다. '널 다시 보길 바래'가 아니라 '널 다시 보길 보라'라고 써야 해요.

기원 祈願

바라는 일이 이루어지기를 빎. 비슷한말 기도祈禱

◐ 동음이의어 기원紀元은 '기원 이후'와 같이 역사에서 연대를 세는 시작점이 되는 해나 '새로운 기원'과 같이 새로운 일이나 사건의 출발점이 되는 시대나 시기를 말해요. 기원起源은 '소설의 기원'과 같이 사물이나 현상이 처음으로 생김 또는 그 처음을 말하고요.

갈망 渴望

간절히 바람.

◐ 갈구渴求는 간절히 바라고 원함을 뜻하며, 원망願望은 원하고 바란다는 뜻이에요. 참고로 동음이의어인 원망怨望은 마음에 들지 않아서 탓하거나 미워한다는 뜻이랍니다.

탐욕 貪慾

지나치게 많이 가지고 싶어 하는 욕심.

◐ 욕慾은 소유욕, 승부욕, 독점욕 등과 같이 일부 명사 뒤에 붙어 욕구 또는 욕망의 뜻을 더하는 접미사로도 쓰인답니다.

기호 嗜好

즐기고 좋아함.

◐ 기호품嗜好品은 사람들이 취미로 즐기거나 좋아하는 물건을 말해요. 술, 커피 등과 같이 독특한 맛이나 향을 즐기기 위해 먹는 음식을 말할 때는, 주로 기호식품嗜好食品이라고 하지요.

☑ 어휘 확인!

① 남북 통일과 세계 평화는 온 국민의 ☐☐이랍니다.

② 엄마는 정성을 다해 아침마다 오빠의 합격을 ☐☐했어요.

③ 우리 국민은 정의로운 나라에서 살고 싶다는 ☐☐이 있어요.

④ 결국 그는 ☐☐의 구렁텅이에 빠져 파멸의 길을 가고 말았어요.

⑤ 사람들마다 ☐☐가 다른 법이니까 자기가 먹고 싶은 음식을 각자 담아 와서 먹도록 해.

정답 : ①여망 ②기원 ③희구 ④욕정 ⑤욕망

➤ 함께 알아두기 ◀

여망餘望　아직 남은 희망. 앞으로의 희망.
　　　　▶ 네가 착실하게 자란다면 할머니는 더 이상 **여망**이 없을 거야.

욕정欲情　순간적으로 생겨나는, 무엇을 바라거나 원하는 마음. 이성에 대한 육체적인 욕망.
　　　　▶ **욕정**에 사로잡힌 사람은 그 대상이 돈이든 이성이든 위험해.

희구希求　바라고 구함.
　　　　▶ 성공을 향한 강렬한 **희구**가 실패에도 좌절하지 않도록 나에게 힘을 주었어요.

애증愛憎　사랑과 미움을 아울러 이르는 말.
　　　　▶ 나와 그는 **애증**의 관계일 수밖에 없어.

야심野心　대단한 것을 이루어 보겠다고 마음속에 품고 있는 소망.
　　　　▶ 유진이는 내년에 반드시 전교회장이 되겠다는 **야심**을 품고 있어.

만감 萬感

떠오르는 온갖 생각이나 느낌.

◎ 만萬은 매우 많다는 뜻의 한자예요. 그래서 만물萬物은 세상에 있는 모든 물건이 되고, 가화만사성家和萬事成은 집안이 화목하면 모든 일이 잘 된다는 뜻이 된답니다.

반감 反感

반대하거나 반항하는 감정.

◎ 동음이의어 반감半減은 절반으로 줆 또는 절반으로 줄인다는 뜻의 말입니다. '게임에서 자꾸 지기만 하니까 흥미가 반감된다'와 같이 쓰이지요.

심경 心境

마음의 상태.

◎ 심경과 심정心情은 자칫 헷갈릴 수 있어요. 심경은 마음의 상태를, 심정은 마음을 쓰는 태도를 말해요. '심경이 복잡하다', '심정이 곧다'와 같이 쓰이지요.

심금 心琴

외부의 자극에 따라 움직이는 마음을 비유적으로 나타낸 말. 비슷한말 흉금胸琴

◎ 부처님의 마음[心]을 거문고[琴]에 비유해 제자에게 깨달음을 준 데서 유래한 말이에요. 주로 '심금을 울리다'와 같이 쓰이지요.

회심 會心

마음에 흐뭇하게 들어맞음. 또는 그런 상태의 마음.

◎ '회심의 일격, 회심의 카드'와 같이 주로 '회심의'의 꼴로 쓰여요.

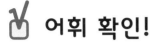 어휘 확인!

① 그 사람이 나를 무시하는데 어떻게 내가 그에게 □□을 가지지 않을 수 있겠어?

② 드디어 반격의 순간, 우리는 □□의 미소를 지었단다.

③ 잘못이 없는데도 내가 미안하다고 사과해야 하니까 □□이 아주 복잡해.

④ 무덤덤한 그의 표정과 목소리가 오히려 사람들의 □□을 울렸지.

⑤ 중학교 졸업식 날 반 친구들을 보니 □□이 교차하더라고.

정답 : ①흑심 ②회심 ③심경 ④감정 ⑤감회

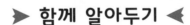 함께 알아두기

심려心慮　마음속으로 매우 걱정함. 또는 그런 걱정.
　　　　　▶ 친구들과의 사소한 언쟁이 있었어요. 선생님께 **심려**를 끼쳐서 죄송합니다.

둔감鈍感　무딘 감각이나 감정.
　　　　　▶ 내가 너를 좋아한다는 사실을 아직도 모르다니, 너 정말 **둔감**하구나!

흑심黑心　겉과 속이 다르게 나쁜 욕심이 많은 마음.
　　　　　▶ 그 애가 나에게 **흑심**을 가졌다는 걸 알았다면 친하게 지내지 않았을 거야.

통감痛感　마음 깊이 절실하게 느낌.
　　　　　▶ 나라의 경제 위기가 정말 심각해. 정부는 책임을 **통감**해야 해.

자긍심 自矜心

스스로를 떳떳하고 자랑스럽게 여기는 마음.

◎ 스스로의 마음을 표현하는 다양한 말이 있어요. 자만심 自慢心은 자신이나 자신과 관련 있는 것을 스스로 자랑하며 뽐내는 마음이고, 자부심自負心은 스스로 자신의 가치나 능력을 믿고 떳떳이 여기는 마음이에요.

안도감 安堵感

마음이 놓여 편안해지는 느낌.
비슷한말 안심감安心感

◎ 불안감不安感은 마음이 편하지 않고 조마조마한 느낌이지요.

우월감 優越感

다른 사람보다 뛰어나다고 여기는 생각이나 느낌.

◎ 열등감劣等感이란 자신이 다른 사람보다 뒤떨어졌다거나 자신에게 능력이 없다고 낮추어 평가하는 감정이에요. 우리가 보통 콤플렉스라고 이야기하는 게 바로 열등감이지요.

측은하다 惻隱--

가엾고 불쌍하다.

◎ 측은지심惻隱之心은 남을 불쌍하게 여기는, 타고난 착한 마음을 뜻하는 말로, 맹자의 사단설四端說 가운데 하나예요.

경이롭다 驚異--

놀랍고 신기하다.

◎ 경이驚異는 놀랍고 신기하게 여김 또는 그럴 만한 일을 뜻해요. 경이감驚異感은 놀랍고 신기한 느낌을 뜻하지요.

어휘 확인!

① 열등감보다는 □□□이 낫지만 □□□도 위험한 건 마찬가지야.

② □□□ 눈길로 보지 말아요. 그러면 내가 더 비참하게 느껴지니까.

③ 네 자신에 대한 □□□을 잃지 마. 넌 누가 뭐래도 정말 괜찮은 놈이니까.

④ 어둡고 좁은 골목을 지나고 집 앞에 이르러서야 □□□이 들었다.

⑤ 중학생이 이렇게 빠르게 달릴 수 있다니! 너무 □□□□ 기록이라서 말문이 막혀요.

▶ 함께 알아두기 ◀

긍휼矜恤	불쌍하게 여겨 돌보아 줌. ▶ 가난하고 병들고 억울한 이들에게 **긍휼**을 베풀어 주소서.
경외敬畏	어떤 대상을 두려워하며 우러러 봄. ▶ 조물주에 대한 **경외**의 마음이 종교를 탄생하게 했을 거야.
염치廉恥	체면을 차릴 줄 알거나 부끄러움을 아는 마음. ▶ 요즘은 잘못을 저지르고도 **염치**를 모르는 사람이 너무 많아.
안온하다 安穩--	조용하고 편안하다. 날씨가 바람이 없고 따뜻하다. ▶ 누구나 **안온한** 생활을 꿈꿔. 하지만 그것을 쉽게 얻을 순 없어.

1. 다음 뜻에 해당하는 말을 고르세요.

(1) 몹시 사랑하여 떨어질 수 없는 마음
① 연심　② 애착　③ 연모　④ 경애　⑤ 욕정

(2) 대단한 것을 이루어 보겠다고 마음속에 품고 있는 소망
① 야심　② 원망　③ 심금　④ 흑심　⑤ 갈구

(3) 체면을 차릴 줄 알거나 부끄러워하는 마음
① 긍휼　② 염치　③ 독점욕　④ 소유욕　⑤ 승부욕

2. 〈보기〉의 밑줄 친 문장과 가장 관련이 깊은 말을 고르세요.

───────── 〈보기〉 ─────────

아버지께선 늘 우리에게 이렇게 말씀하신다.
"집안이 화목하면 모든 일이 잘 된다."

① 호의　② 열등감　③ 자부심　④ 측은지심　⑤ 가화만사성

3. 〈보기〉의 밑줄 친 말과 바꿔 쓰기에 적절하지 않은 말을 고르세요.

〈보기〉　　제게는 꼭 이루고 싶은 바람이/가 하나 있어요.

① 갈망　② 여망　③ 염원　④ 희구　⑤ 흠모

4. 〈보기〉의 뜻을 모두 가진 말을 고르세요.

〈보기〉　　조용하다, 편안하다, 바람이 없다, 날씨가 따뜻하다

① 안온하다　② 애틋하다　③ 측은하다　④ 경이롭다　⑤ 사무치다

5. 〈보기〉의 빈칸에 들어갈 말을 둘 중에서 고르세요.

─────────── 〈보기〉 ───────────

(1) 국민들에게 신망이 / 애증이 두터운 정치인일수록 국민의 기원에 / 기호에 부응하여 국정에 참여해야 합니다. 무엇보다 국민들이 국가에 대해 자긍심을 / 자만심을 가질 수 있도록 자유롭고 정의로운 나라를 만들어야 합니다. 그러면 대한민국도 다른 나라 사람들에게 반감의 / 선망의 나라가 될 수 있습니다.

(2) 국민 여러분께 지금의 제 심경을 / 우월감을 고백하려니 연민이 / 만감이 교차합니다. 심려를 / 자만심을 끼쳐드려 죄송합니다. 현재의 위기를 자초한 제 책임을 둔감합니다 / 통감합니다. 국민 여러분께서 안도감을 / 동정심을 가지시도록 제가 할 수 있는 모든 조처를 당장 취하겠습니다.

6. 〈보기〉의 글을 통해 작가가 비판하고자 하는 인간의 마음을 고르세요.

─────────── 〈보기〉 ───────────

개 한 마리가 있었어. 어느 날 그 개는 길에서 커다란 뼈다귀를 발견했지. 신나서 뼈다귀를 물고 집으로 향하는 길, 개울 위에 놓인 다리를 건널 때였어. 다리 밑을 보니 웬 개 한 마리가 커다란 뼈다귀를 물고 있지 뭐야. 개는 그 뼈다귀를 뺏으려고 다리 밑의 개를 향해 컹컹 짖었지. 그러자 자신이 물고 있던 뼈다귀가 물에 풍덩 빠지고 말았어.

① 소망   ② 경외   ③ 탐욕   ④ 욕정   ⑤ 회심

제 6 장

성질과 상태 1

우물우물 대답하지 말고,
명료하게 대답해 줘

▶.

어제는 내가 좋아하는 프로야구의 성대한 개막식 날이었어. 우람한 덩치의 투수가 마운드에 올라서자 웅대한 함성 소리가 경기장을 가득 메웠지. 그때의 설렘이란! 끝내기 안타로 내가 응원하는 팀이 역전승을 거뒀을 때는 또 얼마나 기뻤다고. 함께 간 친구들과 걸게 저녁을 먹고 집에 돌아왔어. 프로야구가 점점 더 번성하는 것 같아 다행이야.

너 이번 공모전에 떨어졌다고 학교에 소문이 파다하더라? 살다가 무언가에 실패하는 건 비일비재한 일이야. 네 인생에서 아주 경미한 부분일 뿐이라고. 언제까지 그렇게 쇠약한 모습으로 앉아 있을래? 미흡한 부분을 채워서 또 새롭게 도전하면 돼. 힘내, 친구야.

이번에 엄마께 선물하려고 수공예 금속 팔찌를 하나 샀는데, 한 번 볼래? 정밀하게 작업해서 그런지 표면이며 색상이 엄청 균일해. 지난번에 구입한 제품은 조악하기 짝이 없었는데, 품질이 정말 상이한 것 같아. 이제 무언가를 살 때 가격이나 브랜드보다는 품질을 먼저 봐야 한다는 사실을 명료하게 알겠어.

학교 끝나고 집에 와 보니 비가 들이쳐서 마룻바닥이 흥건한 거야. 동생한테 아침에 창문을 열어 놓고 나갔느냐고 물었지. 동생은 당황하는 기색이 농후하더니 집안 공기가 혼탁해서 창문을 열어 놨다고 고백하더라. 솔직히 잘못을 인정하는 사람한테는 화내지 말자는 견고한 믿음이 있어서 그냥 넘어갔어. 동생이 미안했는지 아침에 보니 신발들을 정연하게 정리해 놨더라고.

성대하다 盛大--

행사의 규모 등이 매우 크고 훌륭하다.
비슷한말 푸짐하다

◑ 성황리盛況裡는 모임 등에 사람이 많이 모여 규모나 분위기가 성대한 상황을 이룬 가운데를 뜻해요. '이번 공연을 성황리에 마쳤다'와 같이 쓰이지요.

웅대하다 雄大--

매우 크고 웅장하다.

◑ 웅雄은 수컷이라는 뜻뿐만 아니라 뛰어나다, 승리하다 등의 뜻도 가지고 있어요. 막힘 없이 조리 있게 말하는 것을 웅변雄辯, 기운차고 용기 있게 활동하는 것은 웅비雄飛라고 해요.

우람하다

몸집이나 크기가 크고 튼튼하다. 소리 등이 매우 씩씩하고 힘차다.

◑ 동음이의어 우람愚濫하다는 어리석어 분수를 모르고 하는 짓이 분에 넘치다는 뜻이 있어요.

번성하다 蕃盛--

세력이 커져서 널리 퍼지다. 나무나 풀이 자라서 우거져 있다.

◑ 번성하고 이름이 세상에 빛날 만하게 된 시기를 번영기繁榮期라고 해요.

걸다

흙이나 거름 등이 기름지고 양분이 많다. 액체 등의 내용물이 많고 진하다. 음식의 가짓수가 많고 푸짐하다.

◑ 걸다에는 말씨나 솜씨가 거리낌이 없고 험하다는 뜻도 있어요. 험한 말을 함부로 하는 사람을 일컬어 '입이 걸다'고 하지요.

어휘 확인!

① 절 안으로 들어서니 수령이 몇백 년은 족히 되었을 □□□ 느티나무가 나를 반겨 주었어.

② 이번 축제는 개교 70주년 기념으로 □□□□ 치러졌어.

③ 어린 시절 마음 속에 품었던 □□□ 꿈을 버리지 않고 한 걸음씩 나아가고 있는 네가 참 자랑스럽구나.

④ 엄마, 친구 집에서 점심을 □□ 먹고 왔더니 아직까지 배가 불러요. 그래서 저녁은 못 먹을 것 같아요.

⑤ 나무의 종류가 다양할수록 숲이 더 □□□□는 사실이 과학적으로 입증되었대.

정답 : ① 장대한 ② 장엄하게 ③ 막대한 ④ 광막한 ⑤ 광막하다

 ## ▶ 함께 알아두기 ◀

장대하다
壯大--
체격이 크고 튼튼하다. 정신이나 마음씨가 씩씩하고 크다.
▶ 기골이 **장대해야** 배구선수가 될 수 있어.

장엄하다
莊嚴--
규모가 매우 크며 점잖고 엄숙하다.
▶ **장엄한** 새해 일출 풍경을 보면서 마음을 다잡을 수 있었어.

광막하다
廣漠--
끝이 보이지 않을 정도로 넓다.
▶ 영화에서 **광막한** 우주의 어둠과 고요를 보고 나니 나도 모르게 마음이 차분해지더라.

막대하다
莫大--
더할 수 없을 만큼 많거나 크다.
▶ 어린 시절의 경험이 성장에 **막대한** 영향을 끼친다고 해.

소문 등이 널리 퍼져 있다. 비슷한말 짜하다

○ 파다하다는 뿌릴 파播 자와 많을 다多자로 이루어져 있어요. 많은 씨앗을 흩뿌려 놓듯 소문이 여기저기 퍼져 있는 상태를 뜻하지요.

파다하다 播多--

같은 현상이나 일이 한두 번이나 한둘이 아니고 많다.

○ 참고로 무수無數하다는 수가 없음, 즉 셀 수 없을 만큼 많은 것을 가리키는 말이에요.

비일비재하다 非一非再--

가볍고 아주 적어서 대수롭지 않다.

○ 대수롭다는 대사大事롭다가 변한 말이에요. 큰일답다, 즉 중요하게 여길 만하다는 뜻이지요.

경미하다 輕微--

힘이 없고 약하다.

○ 쇠약하다는 형용사인 반면, 쇠잔衰殘하다는 힘이나 세력이 점점 줄어서 약해진다는 뜻의 동사예요. 쇠약하다는 약한 상태를 표현한 말이고, 쇠잔하다는 점점 약해지는 것이 진행 중임을 표현한 말이지요.

쇠약하다 衰弱--

아직 흡족하지 못하거나 만족스럽지 못하다.

○ 흡족洽足하다는 조금도 모자람이 없을 정도로 넉넉해서 만족한다는 뜻이에요.

미흡하다 未洽--

✔️ 어휘 확인!

① 예성이는 약속 시간에 30분 이상 늦는 일이 ⬚⬚⬚⬚⬚⬚ 때문에 아예 약속 시간을 30분 전으로 알려 줘야겠어.

② ⬚⬚⬚ 부상인 줄로만 알았는데 수술까지 하게 될 줄 누가 알았겠어.

③ 시간에 쫓겨 ⬚⬚⬚ 과제를 제출할 수밖에 없었어.

④ 학교 앞에 새로 생긴 떡볶이집은 학생들 사이에서 이미 맛집으로 소문이 ⬚⬚⬚.

⑤ 얼마 전까지 감기를 심하게 앓았더니 ⬚⬚⬚ 보인다는 소리를 자주 들어.

정답 : ① 비일비재하기 ② 경미하다 ③ 대충하는 ④ 파다하다 ⑤ 초췌해

➤ 함께 알아두기 ◀

비근하다
卑近--

흔히 주위에서 보고 들을 수 있을 만큼 알기 쉽고 실생활에 가깝다.
▶ 이 책은 간결한 설명과 **비근한** 예를 통해 개념 이해를 돕고 있어.

협소하다
狹小--

사물을 보는 안목이나 마음이 좁다. 공간이 좁고 작다.
▶ 공간이 **협소해서** 다 같이 둘러앉기가 어려울 것 같은데, 장소를 옮겨서 이야기 나눌까요?

결여缺如

마땅히 있어야 할 것이 빠져서 없거나 모자람.
▶ 모든 것을 다 갖춘 사람도, 삶도 없어. 누구에게나 **결여**된 것은 있게 마련이라고.

정밀하다 精密--

아주 정확하고 꼼꼼하여 빈틈이 없고 자세하다.

◐ 정밀과학은 수학, 화학, 물리학과 같이 양적 관계를 정밀하게 측정함으로써 이루어지는 학문이에요.

조악하다 粗惡--

거칠고 질이 나쁘다.

◐ 조선시대에도 오늘날처럼 성적을 매기는 등급이 있었는데, 순純·통通·약略·조粗·불不의 5등급이었다고 해요. 순은 완벽하다, 통은 막힘이 없다, 약은 간략하다, 조는 거칠다, 불은 잘 못했다는 뜻이지요.

난 네가 싫어

명료하다 明瞭--

뚜렷하고 분명하다.

◐ 간단하고 분명한 것을 간단명료하다고 해요. '간단명료하게 설명해 줄게'와 같이 쓰이지요. 이를 줄여서 간명簡明하다고도 해요.

상이하다 相異--

무엇과 서로 다르다.

◐ 보통 것에 비해 훨씬 다른 것은 특이特異하다, 비교 대상의 성질이나 모양, 상태 등이 아주 다른 것은 판이判異하다고 해요.

균일하다 均----

차이가 없이 같다. 반대말 불균일하다不均---

◐ 대형 할인 상점에서 많이 볼 수 있는 균일가均一價는 품질이나 품종과 상관없이 동일하게 매긴 가격을 뜻해요.

어휘 확인!

① 이 시계는 일일이 사람의 손으로 □□□□ 만들어진 제품이라 시간에 오차가 거의 없대.

② 전화기 너머 쌀쌀맞은 목소리를 통해 이제 더 이상 그 친구가 나를 좋아하지 않는다는 것을 □□□□ 깨달을 수 있었어.

③ 고객들에게 항상 □□□ 음식 맛을 제공하기 위해 조리 시 과학적인 계량법을 적용하고자 합니다.

④ 인터넷으로 구입한 신발이 화면에 나온 사진과 너무 □□□□ 환불할까 고민 중이야.

⑤ 이렇게 □□□ 물건을 그렇게 비싸게 주고 샀단 말이야?

정답 : ① 엄밀하게 ② 엄밀하게 ③ 균일한 ④ 상이해서 ⑤ 조악한

 ## ▶ 함께 알아두기 ◀

엄밀하다
嚴密――
빈틈이나 잘못이 전혀 없을 만큼 엄격하고 자세하며 꼼꼼하다.
▶ 정확한 연구 결과를 얻으려면 **엄밀한** 실험과 조사가 필요해.

평이하다
平易――
까다롭거나 어렵지 않고 쉽다.
▶ 이 영화는 줄거리가 뻔하고, 연기도 **평이해서** 흥행하기 쉽지 않겠어.

난잡하다
亂雜――
행동이 바르지 못하고 무질서하며 문란하다. 어지럽게 뒤섞여 있다.
▶ 컴퓨터 인터넷 창이 마구잡이로 **난잡하게** 떠. 바이러스에 감염된 것 같아.

견고하다 堅固--

굳고 단단하다. 사상이나 의지 등이 흔들림 없이 확고하다.　비슷한말 공고하다鞏固--

◐ 반석盤石은 크고 평평한 돌을 뜻하지만, 비유적으로 매우 견고한 기틀이나 토대를 뜻하기도 해요. '반석을 다지다, 반석을 세우다'와 같이 쓰여요. 사상이나 의지가 흔들리지 않으려면 반석을 튼튼히 다져야겠지요?

정연하다 整然--

가지런하고 질서가 있다.

◐ 동음이의어 정연井然하다는 짜임새와 조리가 있다는 뜻이 있어요. '논리가 정연하다'와 같이 쓰이지요.

사기꾼 기질이 강하네

농후하다 濃厚--

어떤 경향이나 성격 등이 뚜렷하다.

◐ 농후하다에는 맛, 빛깔, 성분 등이 매우 짙다는 뜻도 있어요. 우리가 흔히 먹는 떠먹는 요구르트에 '농후발효유'라고 써 있는 것도 일반 발효음료에 비해 유산균 수가 많다는 뜻이에요.

혼탁하다 混濁--

더러운 물질이 섞여 깨끗하지 못하고 흐리다.

◐ 정치, 도덕 등 사회적 현상이 어지럽고 깨끗하지 못한 것도 혼탁하다고 표현해요.

흥건하다

물 등이 푹 잠기거나 고일 정도로 많다.

◐ 건하다는 아주 넉넉하다는 뜻이에요. 거하다는 규모가 아주 크다는 뜻이고요.

어휘 확인!

① 복도에서는 우측으로 질서 □□□□ 움직여야 돼.

② 그가 범인일 가능성이 □□□지만 아직 증거가 부족해.

③ 밤새 비가 왔는지 등교해서 보니 열린 교실 창문 아래로 빗물이 □□□□더라.

④ 이제 우리나라도 지진에도 견딜 수 있는 □□□ 건물을 지어야 해.

⑤ 미세먼지 때문에 공기가 □□□. 맑은 가을 하늘을 보고 싶은데.

정답 : ① 옹골차게 ② 희박하 ③ 옹골차 ④ 강고한 ⑤ 희박하다

➤ 함께 알아두기 ◄

강고하다
強固--

굳세고 튼튼하다.
▶ 처음 아버지의 반대를 접했을 때 **강고한** 벽에 가로막힌 것 같았지만 나는 포기하지 않았지.

옹골차다

매우 실속이 있게 속이 꽉 차 있다.
▶ 너는 **옹골찬** 데다 야무지니까 어디서든 성공할 수 있을 거야.

희박하다
稀薄--

기체나 액체 등의 밀도나 농도가 짙지 못하고 낮거나 엷다. 감정이나 정신 상태 등이 부족하거나 약하다. 어떤 일이 이루어질 가능성이 적다.
▶ 이미 한 번의 기회를 거머쥔 사람이 또다시 행운의 주인공이 될 가능성은 **희박해**. 그러니 너무 빠른 성공은 위험한 법이지.

1. 다음 뜻에 해당하는 말을 고르세요.

(1) 거칠고 질이 나쁘다
① 농후하다　② 경미하다　③ 혼탁하다　④ 조악하다　⑤ 미흡하다

(2) 가지런하고 질서가 있다
① 균일하다　② 정연하다　③ 간명하다　④ 장엄하다　⑤ 막대하다

(3) 같은 현상이나 일이 한두 번이나 한둘이 아니고 많다
① 번성하다　② 강고하다　③ 난잡하다　④ 비근하다　⑤ 비일비재하다

2. 다음 중 뜻하는 바가 다른 말을 고르세요.

① 성대하다　② 우람하다　③ 웅대하다　④ 협소하다　⑤ 장대하다

3. 〈보기〉를 읽고 밑줄 친 내용을 뜻하는 말을 쓰세요.

──────── 〈보기〉 ────────

(1) 우리는 아직도 우주가 얼마나 크고 넓은지 정확하게 알지 못합니다. 이 광활한 우주 공간의 크기는 상상조차 힘듭니다. 태양에서 가장 가까운 수성은 약 5,800만km 떨어진 곳에서 궤도를 돕니다. 금성은 약 1억 700만km 떨어져 있고, 지구는 태양에서 약 1억 5,000만km 떨어져 있다고 합니다. 끝이 보이지 않을 정도로 넓은 우주의 크기를 인간은 언제쯤 알 수 있을까요?

(2) 손목시계, 벽시계, 탁상시계 등 시계는 일상생활에 반드시 필요한 도구이지요. 시계는 문자판과 초침, 분침, 시침 그리고 수많은 장치가 아주 정확하고 꼼꼼하여 빈틈없이 맞물려 돌아가는 기계입니다. 시계의 생명은 사람들에게 최대한 오차 없이 정확한 시간을 알려 주는 데 있으니까요.

4. 〈보기〉의 빈칸에 들어갈 알맞은 말을 둘 중에서 고르세요.

─────── 〈보기〉 ───────

고향 축제가 어느덧 20주년을 맞이해서 그 어느 때보다 평이하게 / 성대하게 치러진다기에 오랜만에 고향 마을로 향했지. 한참을 걸어 이마에 흥건하게 / 희박하게 땀이 고일 때쯤, 마을에 도착했어. 마을 어귀에 들어서니 허리는 굽고, 이끼로 몸을 감싼 채 허옇게 부르튼 감나무가 마을의 오랜 역사를 증명이라도 하듯 쇠잔한 / 옹골찬 몸으로 끝까지 자리를 지키고 서 있더라. 그 모습이 내게 깊은 울림을 줬어. 늘 쉽게 포기하고 말았던 내게 그동안 결여된 / 비근한 것이 무엇이었는지 엄밀하게 / 명료하게 알 수 있는 시간이었어.

5. 〈보기〉의 빈칸에 공통으로 들어갈 말의 기본형을 쓰세요.

─────── 〈보기〉 ───────

• 밭이 ＿＿＿＿어서 무엇을 심던 잘 자랄 것 같아.
• 이 삼계탕집의 비법은 들깨를 넣어서 국물을 무척 ＿＿＿＿게 끓이는 거야.
• 아이고, 그 사람은 생긴 건 순한데 입이 ＿＿＿＿어서 아무도 못 당한다니까.
• 생일을 맞은 나를 위해 엄마가 ＿＿＿＿게 차리신 밥상을 보니 나도 모르게 코끝이 찡해졌어.

제 7 장

성질과 상태 2

날씨가 왜 이리
을씨년스러운 거야

▶.

청량한 가을날, 우리는 기차를 타고 여행을 떠났어. 도시를 벗어나 조그만 역에 도착해 호젓한 길을 따라 걸었지. 걷다 보니 어느새 고색창연한 산사에 도착했어. 천 년의 세월을 견디고 상서로운 분위기로 우뚝 서 있는 은행나무가 우릴 반겼어. 모든 풍경이 고즈넉한 한 폭의 그림처럼 보였단다.

일반인들에게 식물생명공학 기술은 아직 생소해. 지구온난화가 계속되면 점차 식량이 모자랄 것은 자명하지. 열악한 환경에서도 잘 자라는 식물체를 연구해 식량 문제에 대비하려는 거야. 극지방에서도 잘 자라는 식물을 보면 생태계는 정말 심오해. 인간이 앞으로 궁색하게 살지 않으려면 반드시 필요한 연구 같아.

작품을 자세히 보세요. 이 화가의 마지막 그림이랍니다. 그의 음울했던 삶을 반영하기라도 하는 듯, 황량한 느낌을 주고 있어요. 아무도 없는 적막한 집 한 채가 들판에 덩그러니 서 있고, 날씨마저 을씨년스럽게 묘사했지요. 스산한 풍경이 아주 고독해 보여요. 당시 화가의 마음이 어땠을지 잘 느껴지지 않나요?

뉴스를 보니 우리나라의 수출이 매우 둔화되고 있는 모양이야. 전 세계적인 경제 위기로 난관을 겪고 있더라고. 경제 상황이 다시 호조를 보이려면 한참 걸릴 전망이야. 그런데 정부의 경제 정책 담당자들은 당장 경황이 없는데도 별다른 대안을 내지 못하고 있어. 결국 경제 불황으로 가장 곤욕을 당하고 있는 사람은 국민들이야.

고즈넉하다

호젓하다

쏴아

스산하다

고색창연하다

황량하다

상서롭다

자명하다

궁색하다

생소하다

고즈넉하다

분위기 등이 조용하고 편안하다. 말없이 다소곳하거나 잠잠하다.

◐ 잠잠潛潛하다는 분위기나 활동 등이 시끄럽지 않고 조용하다라는 뜻과 말없이 가만히 있다는 뜻이 있어요.

호젓하다

후미져서 무서움을 느낄 만큼 고요하다. 쓸쓸하고 외롭다.

◐ 후미지다는 무서움을 느낄 만큼 깊숙하고 구석지다는 뜻이에요. '후미진 골목, 후미진 자리'와 같이 쓰이지요.

청량하다 淸涼--

맑고 서늘하다.

◐ 여름철 즐겨 마시는 청량음료淸涼飮料는 이산화탄소가 들어 있어 맛이 산뜻하고 시원한 음료를 말해요. 동음이의어인 청량淸亮하다는 소리가 맑고 깨끗하다는 뜻이에요.

고색창연하다
古色蒼然--

오래되어 예스러운 분위기나 멋이 있다.

◐ 예스럽다는 옛것과 같은 맛이나 멋이 있다는 뜻이에요. 옛스럽다가 아니라 예스럽다라고 써야 한다는 것에 주의해야 해요.

상서롭다 祥瑞--

복되고 좋은 일이 일어날 듯하다.

◐ 예로부터 행운을 부른다고 여긴 상서로운 동물에는 용, 봉황과 같은 상상 속 동물과 백호(흰 호랑이) 등이 있어요.

✓ 어휘 확인!

① 우리나라의 가을은 □□□ 날씨로 유명하다.

② 이 사찰의 □□□□ 분위기는 지친 마음을 위로해 준다.

③ □□□ 산길을 걸어서 한참을 올라가니 산새 소리, 바람 소리가 들려 왔다.

④ 우리 학교 뒷담은 오래된 산성과 연결되어 있어서 □□□□□ 분위기가 난다.

⑤ 까치가 우리 집 마당에 찾아온 걸 보니 □□□□ 일이 생길 것 같아.

정답 : ① 청명한 ② 고즈넉한 ③ 호젓한 ④ 고색창연한 ⑤ 상서로운

➤ 함께 알아두기 ◄

단출하다	식구가 많지 않아서 살림의 규모가 작다. 일이나 차림, 도구 등이 간편하다.
	▶ 우리 집 식구는 **단출해**. 내가 외동이거든.
오붓하다	아늑하고 정답다. 살림이나 수입이 넉넉하여 실속 있다.
	▶ 일요일에는 가족이 모두 모여서 **오붓한** 시간을 보냈으면 좋겠어.
묘연하다 杳然--	깊숙하고 멀어서 눈에 보일 듯 말 듯 하게 조금씩 움직이는 것처럼 보이는 상태에 있다. 오래되어 기억이 흐리다. 행방이나 소식 등을 알 수 없다.
	▶ 허생은 갑자기 사라진 후 행방이 **묘연했다**.

심오하다 深奧--

사상이나 이론 등이 깊이가 있으며 오묘하다.

◐ 오묘奧妙하다는 보통의 상식으로는 이해할 수 없을 만큼 신기하고 색다르다는 뜻이에요.

자명하다 自明--

설명하거나 증명하지 아니하여도 저절로 알 만큼 분명하고 확실하다.

◐ 깊이 생각해 보지 않아도 알 수 있을 만큼 상황이나 사정이 확실하거나 분명하다는 뜻의 뻔하다라는 말도 있어요. '뻔한 거짓말, 뻔한 속임수'와 같이 우리 생활에 자주 쓰인답니다.

생소하다 生疏--

어떤 대상이 익숙하지 못하고 낯이 설거나, 어떤 일에 서투르다.

◐ 설다는 자주 보거나 듣지 않아 익숙하지 못하다는 뜻이에요. '일이 손에 설다'와 같이 쓰여요.

열악하다 劣惡--

품질이나 능력, 시설 등이 매우 떨어지고 나쁘다.

◐ 과학자들은 앞으로 식량 부족 문제에 대비하기 위해 사막과 같이 열악한 환경에서도 잘 자랄 수 있는 식물을 연구하고 있답니다.

궁색하다 窮塞--

아주 가난하다. 변명이나 대답, 행동 등이 근거가 부족해서 믿기 어렵다.

◐ 궁窮은 궁하다는 뜻의 한자예요. 궁하다는 건 가난하고 어렵다는 말이지요. 곤궁, 빈궁, 궁핍 등에 이 한자가 쓰이지요.

☑️ 어휘 확인!

① □□□ 환경을 극복하기 위해서 우리 조금만 더 노력해 보자.

② 이 책의 내용은 정말 □□□□ 여러 번 읽어도 이해가 되지 않아.

③ 이번 여행은 □□□ 문화에 적응하느라 너무 힘이 들었어.

④ 그는 자신의 실수를 인정하기는커녕 □□□ 변명만 늘어놓았다.

⑤ 그 녀석은 어릴 때부터 노래를 엄청 잘했어. 그러니 가수가 되는 건
□□□ 일이지.

 ▶ **함께 알아두기** ◀

불순하다
不純--
물질 등이 순수하지 않다. 딴 속셈이 있어 순수하거나 참되
지 못하다.
 ▶ 실험 결과 이 강물에서 **불순한** 물질이 검출되었다.

녹록하다
碌碌--
다루거나 상대하기가 쉽다.
▶ 신문을 보니 **녹록하지** 않은 현실을 반영한 유행어들이 많다.

미천하다
微賤--
신분이나 지위가 낮고 보잘것없다.
▶ 장영실은 **미천한** 신분을 극복하고 최고의 발명가가 되었다.

추레하다
겉모습이 깨끗하지 못하고 생기가 없다.
▶ 밤을 새워 일했는지, 그는 **추레한** 모습으로 나타났다.

참신하다
斬新--
새롭고 신선하다.
▶ 지윤이는 국어 토론 시간에 **참신하고** 논리적인 의견을 발표
해서 박수를 받았어.

스산하다

몹시 어수선하고 쓸쓸하다. 날씨가 흐리고 서늘하다. 마음이 가라앉지 않고 뒤숭숭하다.

🌀 쓸쓸하다는 마음이 외롭고 허전하다 또는 날씨가 차고 으스스하다는 뜻이에요. 마음을 표현하는 말이 날씨를 표현하기도 한다는 것을 눈치챘나요?

황량하다 荒涼--

황폐하여 거칠고 쓸쓸하다.

🌀 량涼은 쓸쓸하다는 뜻의 한자예요. 땅이나 정신이 황폐해져서 쓸쓸하다는 뜻이지요. 황폐荒廢는 집, 땅, 숲이 거칠어져 못 쓰게 됨 또는 정신이나 생활이 거칠어지고 메말라 간다는 말이에요.

적막하다 寂寞--

아무 소리 없이 조용하고 쓸쓸하다. 의지할 곳 없이 외롭다.

🌀 적막강산寂寞江山은 아주 적적하고 쓸쓸한 풍경을 이르거나 앞날을 내다볼 수 없게 답답한 형편이나 마음을 비유적으로 이르는 말이에요.

음울하다 陰鬱--

기분이나 분위기가 어둡고 우울하다.

🌀 음陰은 그늘, 어둠, 저승 등 부정적 의미를 많이 가지고 있는 한자예요. 음산하다, 음침하다, 음란하다와 같이 쓰이지요.

을씨년스럽다

날씨나 분위기 등이 쓸쓸하고 썰렁하다. 보기에 살림이 매우 가난하다.

🌀 을씨년스럽다는 을사년스럽다에서 유래한 말이래요. 1905년 강제 체결한 을사늑약으로 몹시 침울하고 비통해진 백성들의 심정이 담긴 말이지요.

어휘 확인!

① 깊어 가는 가을 저녁, 내 마음처럼 ☐☐☐ 바람이 불기 시작했다.

② 가족들이 없는 집은 ☐☐☐☐ 느껴졌다.

③ 날씨가 너무 ☐☐☐☐☐☐. 곧 눈이 쏟아져 내릴 것 같아.

④ 화재로 타 버린 숲은 아무것도 없이 ☐☐☐☐만 했다.

⑤ ☐☐☐ 날씨에는 우울한 음악보다는 밝고 활기찬 노래를 듣는 게 좋아.

정답 : ①음침한 ②괴이하게 ③흉흉하다 ④피폐하다 ⑤흉흉한 ⑥삼엄한 (거꾸로)

▶ 함께 알아두기 ◀

피폐하다 疲弊--	지치고 힘이 약해지다. ▶ 일제강점기에 농민들은 **피폐한** 농촌을 떠나 만주로 갔다.
흉흉하다 洶洶--	분위기가 매우 어수선하다. 물결이 세차고 물소리가 매우 시끄럽다. ▶ 전염병과 함께 **흉흉한** 소문이 온 마을에 돌았다.
괴이하다 怪異--	아주 괴상하고 이상하다. ▶ 한 번도 들어 보지 못한 **괴이한** 소리가 들려왔다.
삼엄하다 森嚴--	분위기 등이 빈틈없고 엄숙하다. ▶ 교도소 담장은 경비가 **삼엄했다.**
음침하다 陰沈--	분위기가 스산하고 어둡다. ▶ 우리 동네 골목길은 **음침해서** 집에 가기 무서워.

경황 景況

정신적, 시간적인 여유나 형편.

➡ 동음이의어 경황驚惶은 놀라고 두려워 허둥지둥함이라는 뜻이에요.

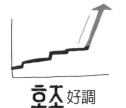

호조 好調

상황이나 조건이 좋은 상태. 비슷한말 쾌조快調

➡ 경제 기사에서 많이 사용하는 말이에요. 우리 일상생활에서는 호조보다는 순조順調롭다고 쓰는 게 더 자연스럽지요.

둔화 鈍化

느리고 무디어짐.

➡ 둔鈍은 무디다는 뜻의 한자예요. 감각이 예민하지 못한 것을 둔감鈍感하다고 하고, 삼각형의 한 각이 90°보다 크고 180°보다 작은 것을 둔각삼각형鈍角三角形이라고 해요.

곤욕 困辱

심한 모욕. 또는 참기 힘든 일.

➡ 욕辱은 욕되다, 수치스럽다, 모욕을 당하다와 같은 뜻을 지닌 한자예요. 굴욕, 치욕, 능욕 등과 같이 쓰여요.

난관 難關

일을 해 나가면서 부딪치는 어려운 고비.

➡ 고비는 일이 되어 가는 과정에서 가장 중요하거나 힘든 순간을 뜻하는 말이에요. 난관에 부딪칠 때 이 고비만 잘 넘어가면 좋은 일이 있을 거라는 희망을 가지세요.

✌ 어휘 확인!

① 수출이 증가하고 경기가 ☐☐를 띠었다.

② 황당한 구설에 휘말린 그는 큰 ☐☐을 치렀다.

③ 우리나라뿐만 아니라 전 세계적으로 출산율이 감소하면서 인구 증가율이 ☐☐되고 있다.

④ 새로운 법 제정에 많은 ☐☐이 예상되지만 서민들을 위해서 꼭 통과시켜야 해.

⑤ 이번 주에는 숙제가 많아서 어린 동생과 놀아 줄 ☐☐이 없었다.

▶ 함께 알아두기 ◀

역경逆境　　일이 순조롭게 진행되지 않아 매우 어려운 처지나 환경.
　　　　　　▶ 그는 수많은 **역경**을 극복하고 대표 이사에 취임하였다.

풍파風波　　세상을 살아가는 일의 어려움이나 고통. 세찬 바람과 험한 물결.
　　　　　　▶ 모진 **풍파**를 이겨낼 수 있는 힘은 바로 가족이었다.

미비未備　　완전하게 갖추지 못한 상태.
　　　　　　▶ 소방시설의 **미비**가 대형 화재로 이어졌다.

1. 다음 뜻에 해당하는 말을 고르세요.

(1) 맑고 서늘하다

① 청량하다 ② 묘연하다 ③ 생소하다 ④ 추레하다 ⑤ 오붓하다

(2) 정신적, 시간적인 여유나 형편

① 둔화 ② 곤욕 ③ 경황 ④ 호조 ⑤ 미비

(3) 다루거나 상대하기 쉽다

① 자명하다 ② 심오하다 ③ 생소하다 ④ 궁색하다 ⑤ 녹록하다

2. 〈보기〉의 빈칸에 초성을 참고하여 알맞은 말을 쓰세요.

─────────〈보기〉─────────

좋아하는 가수의 콘서트가 끝나고 몇 시간 후 공연장 근처에 가 보았다. 관중이 모두 빠져나간 공연장은 휑하기 이를 데 없었다. 한쪽 끝이 떨어진 현수막과 차가운 바람 때문에 ㅇㅊ하다는 느낌마저 들었다. 집으로 돌아오면서 괜스레 기분이 ㅇㅇ해졌다.

3. 〈보기〉의 빈 칸에 공통으로 들어갈 알맞은 말을 쓰세요.

─────────〈보기〉─────────

• 초겨울이 되니 날씨가 _____.
• 바람이 부니 나뭇가지에서 나는 소리가 _____.
• 울적한 기분이 들자 마음이 뒤숭숭하고 _____.

4. 〈보기〉의 뜻을 모두 포함하는 말을 고르세요.

(1)

〈보기〉	• 난관 • 역경 • 곤혹 • 세찬 바람과 파도

① 역경 ② 풍파 ③ 미비 ④ 난관 ⑤ 둔감

(2)

〈보기〉	• 조용하다 • 편안하다 • 잠잠하다 • 다소곳하다

① 열악하다 ② 상서롭다 ③ 고즈넉하다 ④ 을씨년스럽다 ⑤ 고색창연하다

5. '쓸쓸하다'라는 뜻을 가지고 있지 <u>않은</u> 말을 고르세요.

① 황량하다 ② 적막하다 ③ 상서롭다 ④ 호젓하다 ⑤ 을씨년스럽다

6. 다음 그림이 뜻하는 말을 고르세요.

① 피폐하다

② 흉흉하다

③ 괴이하다

④ 열악하다

⑤ 호젓하다

'-적'은 명사 뒤에 붙어 '그 성격을 띠는, 그에 관계된, 그 상태로 된'의 뜻을 만들어요

거시적

어떤 사물이나 현상을 작은 부분이 아닌 전체로 생각하는 것.

▶ 이번 영화는 사회의 갈등을 미시적으로 다루지 않고, 거시적인 관점에서 그려냈다.

궁극적

어떤 일의 마지막이나 끝에 도달하는 것.

▶ 인문학은 궁극적으로 인간의 본질을 탐구하는 학문이다.

만성적

어떤 성질이나 현상이 오래 지속되거나 반복되어 쉽게 바뀌지 않는 것.

▶ 현대인들은 만성적인 스트레스로 인해 여러 가지 질병들을 앓고 있다.

압도적

뛰어난 힘이나 능력으로 상대방을 눌러 꼼짝 못하게 하는 것.

▶ 우리나라 양궁 선수들은 압도적인 실력 차이로 올림픽에서 우승을 하였다.

역동적

힘차고 활발하게 움직이는 것.

▶ 그 무용단은 역동적이고 웅장한 춤으로 유명하다.

유동적

계속 흘러 움직이거나 변하는 것.

▶ 기상 전문가는 태풍의 예상 경로에 대해 유동적이라고 답했다.

이례적

보통의 경우에서 벗어나 특이한 것.

▶ 최근 방송에서는 예능 프로그램보다 시사 프로그램의 시청률이 높아지는 이례적인 현상이 나타나고 있다.

이질적

성질이 서로 다른 것.

▶ 서로 이질적인 문화도 오랜 기간 공존하다 보면 새롭게 융합되기도 한다.

잠재적

겉으로 드러나지 않고 속에 숨어 있는 것.

▶ 앞으로 안전 점검을 더 확실히 하여 잠재적 사고를 막아야 한다.

총체적

모두 하나로 합치거나 묶은 것.

▶ 고령화 시대에 대비하기 위해 사회 각층의 총체적 노력이 필요하다.

통속적

세상에 널리 통하는 것. 전문적이지 않고 대체로 수준이 낮아 일반 대중에게 쉽게 통할 수 있는 것.

▶ 이 사건은 통속적인 기준으로 판단할 때 이해가 되지 않는 일이다.

파행적

일이나 계획 등이 문제 없이 제대로 되어 가지 못하는 것.

▶ 입법안에 대해 각 정당들의 의견 차이로 회의가 파행적으로 끝났다.

향토적

고향이나 시골의 정취가 담긴. 또는 그런 것.

▶ 김유정의 소설에서는 향토적인 어휘며 소재들이 자주 등장한다.

획일적

모두가 하나와 같아서 다름이 없는 것.

▶ 획일적인 교육으로는 미래의 사회를 이끌어 갈 인재를 양성할 수 없다.

제 8 장

뜻과 생각 1

너 그렇게 말하는
저의가 대체 뭐야?

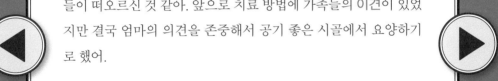

문학이나 미술, 음악과 같은 예술 작품을 보면 참 놀라워. 자신의 **영감**을 그토록 아름답게 표현하다니! 어쩌면 그런 영감은 오랜 **사유**에서 나오는 게 아닐까 싶어. 삶의 진실을 **분별**하려 하고, 인간의 고뇌를 표현한 작품들도 많은 걸 보면 말이야. 인간과 세상에 대한 **통찰**과 영감을 조화시키는 예술가들의 능력이 부럽기도 해.

엄마의 건강검진 결과를 들으러 갔더니 이상 **소견**이 있다는 거야. 집에 돌아온 엄마는 깊은 **상념**에 잠기셨어. 집안과 자식들을 돌보는 데 **여념**이 없어서 정작 본인의 몸을 돌보지 않은 지난날의 단상들이 떠오르신 것 같아. 앞으로 치료 방법에 가족들의 **이견**이 있었지만 결국 엄마의 의견을 존중해서 공기 좋은 시골에서 요양하기로 했어.

새로 나온 게임을 잘해 볼 **요량**으로 컴퓨터 메모리를 확장하기로 했어. **묘안**을 찾던 나는 부모님께 기말고사에서 전교 10등 안에 들면 용돈을 올려 달라고 했지. 내 **저의**는 모르고 **자의**로 공부하겠다는 말에 부모님은 기뻐하셨어. 다만 이 **복안**이 성공하려면 지금부터 밤낮없이 공부만 해야 해.

사이비 종교는 정말 위험해. 어떤 사람은 힘들게 들어간 직장도 그만두고, 가족의 곁도 떠났다고 해. 세상은 곧 멸망하지만 교주가 구원해 줄 것이라는 **부조리**한 믿음에 빠져서 말이야. 지나치게 현실을 비약해서 **오판**하고 만 거지. 얼른 **망상**에서 벗어나 가정으로 돌아왔으면 좋겠어.

사유 思惟

대상을 두루 생각하는 일. 비슷한말 사고思考

▷ 사유는 생각하고 궁리하는 것에서 더 나아가 판단하고 추리하는 인간의 이성적 활동을 가리키는 말이에요.

통찰 洞察

예리한 관찰력으로 사물이나 현상을 환히 꿰뚫어 봄.

▷ 통찰력은 사물과 상황을 있는 그대로 보는 것으로, 모든 주관을 벗어나 오롯이 그 하나만을 꿰뚫어 문제점과 해결책을 찾는 것이라고 할 수 있어요.

영감 靈感

신기하고 묘한 예감이나 느낌. 창조적인 활동과 관련한 기발하고 좋은 생각.

▷ 동음이의어 영감令監은 사회적 지위가 높은 사람, 나이가 많은 남자, 나이가 많은 부부 사이에서 아내가 남편을 이르거나 부르는 말이에요.

분별 分別

종류나 성질이 다른 것을 구별하여 가름. 세상 물정에 대한 바른 생각이나 판단.

▷ 분별력은 옳고 그름을 판단하여 바른 생각을 하는 능력을 뜻하는 말이에요.

고뇌 苦惱

괴로워하며 생각을 하고 고민함.

▷ '죽느냐 사느냐 이것이 문제로다'라고 외치며 고뇌한 인물 하면 누가 떠오르나요? 바로 햄릿이죠. 이런 심각한 문제 말고도 우리는 일상생활에서 정신적 아픔에 많이 시달리곤 하죠. 그래서 불교에서는 인생을 고뇌라고 표현하기도 해요.

✔️ 어휘 확인!

① 이번 전시회에서 자연에서 받은 ☐☐을 표현한 작품들을 소개할 예정이래.

② 윤동주는 식민지 지식인으로서의 ☐☐를 작품에 담아 표현한 대표적인 시인이야.

③ 병아리는 암수 ☐☐이 어렵대. 그래서 병아리감별사라는 직업이 있나 봐.

④ 수요일 강좌는 강연자의 뛰어난 ☐☐을 엿볼 수 있는 의미있는 시간이었어.

⑤ 그 책에는 가치 있는 삶에 대한 철학적 ☐☐가 잘 담겨 있다.

정답 : ① 영감 ② 고뇌 ③ 감별 ④ 식견 ⑤ 사유

➤ 함께 알아두기 ◀

달관達觀   큰 깨달음이 있어서 사소한 일에 얽매이지 않는 경지.
▶ 그 소설은 주인공의 **달관**의 경지를 잘 보여 준다.

진수眞髓   사물이나 현상의 가장 중요하고 근본적인 부분.
▶ 200여 명의 합창단과 오케스트라는 화려하고 웅장한 합창음악의 **진수**를 제대로 보여 주었다.

예지叡智   사물의 이치를 꿰뚫어 보는 지혜롭고 밝은 마음.
▶ 그의 소설에는 미래에 대한 밝은 **예지**가 담겨 있다.

소견 所見

어떤 일이나 사물을 보고 느낀 생각이나 의견.

◎ 소견을 속되게 소견머리라고도 해요. 참고로 소갈머리는 마음속에 품고 있는 생각을 낮잡아 이르는 말이지요.

이견 異見

어떤 의견에 대한 다른 의견. 또는 서로 다른 의견.

◎ 간혹 '이견 차이가 있다'라고 쓰는 경우가 있어요. 이견이라는 말에 이미 다르다는 뜻이 있으므로 '이견이 있다'라고 써야 해요.

단상 斷想

생각나는 대로의 단편적인 생각.

◎ 동음이의어 단상壇上은 교단 또는 강단 등의 위를 가리키는 말이에요.

상념 想念

마음속에 품고 있는 여러 가지 생각.

◎ 상념은 주로 잠기다, 젖다, 빠지다와 함께 쓰여요.

여념 餘念

어떤 일에 대하여 생각하고 있는 것 이외의 다른 생각.

◎ '공부에 여념이 없다, 운동에 여념이 없다'와 같이 주로 없다와 함께 쓰여요. 공부나 운동 이외에는 다른 생각을 하지 못한다는 뜻이겠지요?

☑️ 어휘 확인!

① 건강검진 결과, 의사 선생님의 이상 ☐☐은 없었다.

② 학교 축제에 올릴 공연을 준비하느라 모두들 연습에 ☐☐이 없었다.

③ 진구가 우리 반에서 제일 성실한 친구라는 점에는 아무도 ☐☐이 없었다.

④ 안개가 자욱하게 낀 창밖을 바라보며 그는 ☐☐에 잠겼다.

⑤ 이 책은 작가가 여행하면서 떠오르는 ☐☐을 모아 엮은 수필집이다.

정답 : ①소견 ②여념 ③이견 ④상념 ⑤소감

➤ 함께 알아두기 ◀

식견識見   보고 듣거나 배워서 얻은 지식.

▶ 교수님께서는 학문적 **식견**뿐만 아니라 인품도 훌륭하셔서 모든 학생이 존경했어요.

일가견─家見   어떤 분야에 대해 뛰어난 지식과 능력이 있어 이룬 견해.

▶ 그는 요리에 **일가견**이 있다.

통념通念   널리 알려져 있는 일반적인 생각.

▶ 일반적 상식이나 **통념**에 어긋나는 행동은 사람들의 비난을 받는다.

고견高見   뛰어난 의견이나 생각.
▶ 민준이는 졸업한 선배들에게 진로에 대한 **고견**을 들었다.

묘안 妙案

문제를 해결할 수 있는 뛰어나게 좋은 생각.

⭕ 묘妙는 말할 수 없이 빼어나고 훌륭하다는 뜻의 한자예요. 묘책, 묘기, 묘미와 같이 쓰이지요.

복안 腹案

겉으로 드러내지 않고 마음속으로만 품고 있는 생각이나 계획.

⭕ 복腹은 주로 우리 몸의 배를 가리키는 뜻으로 쓰이지만 복안에서는 마음, 속마음이라는 뜻으로 쓰였어요.

요량 料量

앞일을 잘 헤아려 생각함. 또는 그런 생각.

⭕ 앞일을 마음속으로 생각하여 헤아리는 것을 속요량이라고 해요. 속대중, 속어림, 속짐작이라고도 하지요.

자의 自意

자기의 의견이나 생각. 반대말 타의他意

⭕ 제멋대로 하는 생각을 뜻하는 자의恣意와는 구별해서 써야 해요.

저의 底意

겉으로 드러나지 않은, 속에 품고 있는 생각.

⭕ 저底는 주로 밑 또는 바닥을 뜻하는 한자이지만 속, 내부라는 뜻으로 쓰이기도 해요. 저력底力은 겉으로 보이지 않지만 어려울 때 드러나는 든든한 힘을 말해요.

어휘 확인!

① 악플 방지를 위한 □□이 있으면 의견을 말해 주세요.

② 이번 체육대회에서 우리 반이 우승할 수 있는 □□이 있어. 그러니 나만 믿고 따라와 줘.

③ 이 반성문이 정말 네 □□로 쓴 거니?

④ 밤늦도록 공부하다가 머리를 식힐 □□으로 잠시 휴대폰 게임을 했을 뿐이야.

⑤ 그렇게 말하는 네 □□가 도대체 뭐야?

정답 : ①착상 ②지략 ③회포 ④재량 ⑤저의

➤ 함께 알아두기 ◀

지략智略   어떤 일이나 문제를 날카롭게 분석해 해결책을 세우는 뛰어난 능력이나 방법.
▶ 이순신 장군은 일본의 보급로를 차단하는 **지략**으로 임진왜란을 승리로 이끌었다.

회포懷抱   마음속에 품은 생각이나 정.
▶ 오랜만에 만난 친구와 **회포**를 풀었다.

재량裁量   자신의 생각과 판단에 따라 일을 처리함.
▶ 학교 축제 때 무대에 올릴 공연 결정은 학생들로 구성된 준비위원회의 **재량**에 맡기기로 했다.

착상着想   어떤 일이나 창작의 바탕이 되는 중심 생각을 떠올림.
▶ 시 창작 과제에 쓸 만한 기발한 **착상**이 떠올랐어.

비약 飛躍

말이나 생각 등이 논리의 순서나 단계를 제대로 거치지 않고 건너뜀. 나는 듯이 높이 뛰어오름.

◐ 지위나 수준이 갑자기 빠른 속도로 높아지거나 더 나아지는 것도 비약이라고 해요.

부조리 不條理

이치에 맞지 않거나 도리에 어긋남.
비슷한말 비리非理

◐ 말이나 글 또는 일이나 행동이 앞뒤가 맞고 논리적인 것을 뜻하는 조리에 부不가 결합한 말이에요. 불합리한 세계 속에 있는 절망적 한계 상황이나 조건을 나타내는 철학적 용어에서도 많이 사용해요.

사이비 似而非

겉으로 비슷하지만 실제로는 완전히 다른 가짜.

◐ 마치 외래어인 것 같죠? 하지만 한자어랍니다. '사이비 기자, 사이비 종교, 사이비 학설' 등과 같이 쓰여요.

망상 妄想

있지도 않은 것을 마치 사실인 것처럼 믿거나 이치에 맞지 않는 헛된 생각을 함. 또는 그 생각.

◐ 과대망상은 사실보다 지나치게 부풀려서 생각하고 그것을 사실로 믿어 버리는 증상을 뜻해요.

오판 誤判

잘못 보거나 잘못 판단함. 또는 잘못된 판단.

◐ 항상 옳은 판단을 하는 것은 어려운 일이에요. 그래서 잘못된 판단을 하지 않도록 정보를 확보하고 소통하는 과정이 반드시 필요해요.

어휘 확인!

① 내 짝꿍은 같은 반 여자애들 모두가 자신을 좋아한다는 □□에 빠져 있다.

② 준서의 이야기는 흥미롭지만 논리적으로 □□이 심해서 믿음이 가지 않는 경우가 많다.

③ 알베르 까뮈의 『이방인』은 현대인의 □□□한 삶에 대한 철학적 인식 이 담긴 작품이다.

④ 프로야구에서는 심판들의 □□을 줄이기 위해 비디오 판독 제도를 두 었다.

⑤ □□□ 종교에 빠져서 가산을 탕진한 사람들이 꽤 많다더라.

➤ 함께 알아두기 ◄

모략謀略   남을 해치려고 속임수를 쓰거나 거짓으로 꾸밈.
 ▶ 장희빈의 **모략**으로 인현왕후는 폐비가 되었지.

몽상夢想   실현 가능성이 없는 헛된 생각을 함. 또는 그런 생각.
 ▶ 이제는 **몽상**에서 벗어나 현실을 바로 보아야 한다.

번뇌煩惱   마음이 시달려서 괴로워함. 또는 그런 괴로움.
▶ 스님은 나에게 **번뇌**에서 벗어나 마음을 고요하게 안정시키라 고 충고해 주셨다.

묵상默想   눈을 감고 말없이 마음속으로 생각함.
▶ 머릿속이 복잡해서 집중이 안 될 때는 **묵상**을 해 보렴.

1. 다음 뜻에 해당하는 말을 고르세요.

(1) 마음이 시달려서 괴로워함

① 고뇌   ② 달관   ③ 소견   ④ 이견   ⑤ 번뇌

(2) 생각나는 대로의 단편적인 생각

① 여념   ② 단상   ③ 분별   ④ 재량   ⑤ 비약

(3) 문제를 해결할 수 있는 뛰어나게 좋은 생각

① 식견   ② 통찰   ③ 통념   ④ 묘안   ⑤ 예지

2. 〈보기〉를 읽고 내용이 설명하는 말을 쓰세요.

─────────── 〈보기〉 ───────────

(1) 자기 생각을 감추고 드러내지 않는 엉큼한 사람을 두고 '뱃속에 능구렁이가 들어앉았다'고 해요. 또한 자신의 속마음을 좀체 꺼내 보이지 않을 때는 '뱃속이 검다'고 말하지요. 이처럼 우리 몸의 배와 마음, 속마음을 뜻하는 한자가 쓰여 마음속으로만 품고 있는 생각이나 계획을 가리키는 말을 '이것'이라고 한답니다.

(2) 『맹자(孟子)』 「진심장구하(盡心章句下)」 편에 수록된 말로, '공자왈오사이비자(孔子曰惡似而非者)'에서 유래하였다. 겉으로 보기에는 비슷한 듯 하지만 근본적으로는 아주 다른 것을 뜻하는 고사성어로, 한자를 그대로 풀어 보면 비슷하지만 아닌 것이다. 흔히 돌팔이, 나이롱, 무늬만, 가짜, 짝가 등과 같은 속된 말로 많이 표현하기도 한다.

3. 〈보기〉의 빈칸에 들어갈 말을 쓰세요.

─────── 〈보기〉 ───────

① _____은 있지도 않은 것을 마치 사실인 것처럼 믿거나 이치에 맞지 않는 헛된 생각을 말해요. 공상이나 상상과 달리 부정적 뜻이 강하지요. 이것이 심해질 경우, 자신이 남들은 모르는 위대한 재능을 가졌다거나 대통령이나 신과 중요하고 특별한 관계에 있다고 생각합니다. 이러한 증상을 ② _____이라고 해요.

4. 다음 문장의 빈칸에 들어갈 알맞은 말을 〈보기〉에서 고르세요.

─────── 〈보기〉 ───────

① 영감 靈感 : 신령스러운 예감이나 느낌. 창조적인 일의 계기가 되는 기발하고 좋은 생각.
② 영감 令監 : 사회적 지위가 높은 사람, 나이가 많은 남자, 나이가 많은 부부 사이에서 아내가 남편을 이르거나 부르는 말.

(1) _____, 뒤뜰에 매어 놓은 병아리 한 쌍을 보았소?

(2) 방금 엄청난 _____이 떠올랐어. 오늘 안에 작곡을 끝낼 수 있을 것 같아.

(3) 할머니는 특별한 _____을 가지고 계셨나 봐. 가끔씩 앞으로 일어날 일을 맞추곤 하셨거든.

(4) 저 _____은 내가 챙기지 않으면 자꾸 휴대전화를 두고 나간다니까.

제 9 장

뜻과 생각 2

프로파일러가
범인의 생각을
딱 간파했어

구성

구축

편견

추정

파악

총괄

모색

좋은 대학 가는 게 얼마나 어려운지 나도 **인지**하고 있어. 열심히 공부하라는 엄마의 말도 충분히 수긍할 수 있고. 내 실력과 현실을 **자각**하고 그동안의 잘못도 **각성**해야 하겠지. 그런데 어떡하지? 난 엄마가 원하는 공부에는 도무지 흥미가 없다는 사실을 **간파**해 버렸으니.

인생관을 바르게 **정립**하세요. 그러면 자신의 인생관에 **의거**해서 해야 할 일과 하지 말아야 할 일을 **식별**할 수 있어요. 현재 삶의 방식이 올바른지 그른지도 **가늠**할 수 있고요. 전문가도 진품 인생이라고 **감정**할 수 있을 만큼, 진정한 자기 삶을 살도록 노력하세요.

상황을 **추정**하거나 결과를 **유추**해서 제 기대에 **부합**하는 내용을 말하려고 노력하지 마세요. 제가 원하는 것은 오직 사실이니까요. 제가 세상물정을 잘 모른다고 저를 바보로 **치부**하는 것은 아니겠죠? 저도 마음먹고 인터넷을 검색하면 충분한 정보를 **집대성**할 수 있어요.

오늘 회의의 안건은 김 팀장님이 **총괄**하는 프로젝트에 대한 평가입니다. 이 프로젝트의 실패가 어디에서 **기인**했는지 그 원인을 **상기**해 보고, 대책을 함께 **모색**해 봅시다. 작은 원인도 절대 간과해서는 안 될 것입니다. 김 팀장님부터 이야기해 보시지요.

인지 認知

어떤 사실을 확실히 그렇다고 여겨서 앎.

◑ 인지도는 어떤 사람이나 물건, 지역, 국가 등을 알아보는 정도를 말해요. 우리나라의 인지도는 세계적으로 어떤 수준일까요?

자각 自覺

자기의 입장이나 능력 등을 스스로 느끼거나 깨달음.

◑ 자신의 능력이나 한계를 자각하는 일은 중요해요. 하지만 더 중요한 것은 그 한계를 넘어서려는 노력이 아닐까요?

간파 看破

겉으로 드러나지 않은 점을 꿰뚫어 알아차림.

◑ 우리가 어떤 것을 보았다고 해서 그것을 다 믿을 수는 없어요. 어떤 현상의 뒤에는 우리가 간파해야 할 본질이 숨어 있을 수도 있거든요.

각성 覺醒

잃었던 의식을 되찾거나 정신을 차림. 바르게 깨달아 앎.

◑ 각성제란 신경을 자극시켜 잠이 오지 않게 하고 피로를 느끼지 못하게 하는 약이에요. 어떤 약이든 오용과 남용은 건강을 해칠 수 있어요.

수긍 首肯

옳다고 여겨 인정함.

◑ 수긍은 옳다고 생각하는 것에 대한 인정인 반면, 납득納得은 옳고 그름과 상관없이 받아들이고 이해하는 것이라는 점에서 달라요. 그러나 내가 상대방의 의견에 수긍하거나 상대방의 의견을 납득하려면 상대방의 의견에 어떤 근거가 있어야 하지 않을까요?

어휘 확인!

① 상황의 변화를 ☐☐하고도 왜 적절한 대책을 세우지 않았니?

② 상대편의 의도나 수법을 ☐☐해야 우리가 승리하는 작전을 세울 수 있어.

③ 새로운 주장을 할 때는 다른 사람도 ☐☐할 수 있는 근거를 제시해 야만 해.

④ 커피는 ☐☐ 효과가 있지만, 중독이나 불면증을 유발할 수 있단다.

⑤ 이 병은 ☐☐ 증상이 없지만, 치료가 어렵지는 않은가 봐. 너무 걱 정하지 마.

  ## ▶ 함께 알아두기 ◀

유념留念   잊거나 소홀히 하지 않도록 마음속 깊이 기억하고 생각함.
▶ 내 충고를 **유념**해서 듣고 다시는 그런 일이 없도록 해라.

숙고熟考   깊고 신중히 잘 생각함.
▶ 오랫동안 **숙고**한 결정이니 후회가 없도록 최선을 다하렴.

숙지熟知   충분히 익혀서 익숙하게 잘 앎.
▶ 현미경 사용법을 잘 **숙지**해야 세포의 핵을 제대로 관찰할 수 있단다.

가늠

목표나 기준 등에 맞는지 안 맞는지를 살핌. 사물이나 상황의 상태를 대강 짐작으로 생각함.

➡ 가름과 헷갈릴 수 있는 어휘 가름은 나누어 따로따로 되게 한다, 어느 한 쪽이 더 낫거나 옳다고 결정한다는 뜻이에요.

의거 依據

어떤 사실이나 원리 등에 근거함. 어떤 힘을 빌려 의지함. 산과 강에 의지하면서 어떤 지역을 굳게 지킴.

➡ 동음이의어 의거義擧는 정의를 위하여 개인이나 집단이 옳은 일을 일으킴을 뜻하는 말이에요.

정립 定立

방법, 내용, 이론, 법칙 등을 정하여 세움.

➡ 여러분은 삶에서 추구할 목표를 정립했나요? 살다 보면 목표도 흔들릴 때가 있어요. 그럴 때는 자신의 가치관과 상황을 고려해서 삶의 목표를 재정립해야 한답니다.

식별 識別

다른 것과 구별하여 알아봄.

➡ 쌍둥이를 식별하기는 쉽지 않아요. 하지만 엄마는 귀신같이 둘을 구별해 냅니다. 사랑하면서 오래 지켜보면 아무리 비슷한 대상에서도 다른 점을 찾아낼 수 있거든요.

감정 鑑定

전문가가 사물의 특성이나 좋고 나쁨, 진짜와 가짜 등을 분별하여 판정함.

➡ 그림이나 글씨, 골동품의 가치를 평가하고 진짜인지 가짜인지를 판단하는 전문가가 바로 감정가鑑定家예요. 그리고 그가 골동품, 보석, 부동산의 가치에 따라 매기는 값이 감정가鑑定價랍니다.

✅ 어휘 확인!

① 우리집 가보인 이 그림이 진품인지 위작인지 ☐☐해 주세요.

② 사실에 ☐☐해 재판하지 않으면 애먼 사람이 누명을 쓸 수 있어.

③ 외모나 목소리만으로는 도대체 그 사람의 나이를 ☐☐할 수가 없어.

④ 올바른 가치관을 ☐☐하지 않은 채 탁월한 실력만 갖춘 사람이 공직에 있는 것은 위험해.

⑤ 일 년 동안 그 제품을 만들었다면서 어떻게 정품과 유사품을 ☐☐하지 못하니?

정답 : ① 감별 ② 참작 ③ 판별 ④ 판별 ⑤ 감별

➤ 함께 알아두기 ◄

참작參酌   결정하거나 판단할 때 어떤 일이나 상황을 참고하여 이리저리 헤아림.

 ▶ 죄를 지었지만 반성하는 태도를 **참작**해서 감형을 해 주었다.

감별鑑別   어떠한 것을 잘 살펴보아 그것의 가치나 진위를 판단함. 어떠한 것을 살펴보고 서로 다른 것을 구별하여 알아봄.

▶ 금반지인 줄로 알았는데, 보석 감정사가 **감별**하더니 금을 도금한 반지래.

판별判別   옳고 그름이나 좋고 나쁨을 판단하여 구별함.

▶ 이 지폐가 위조지폐인지 아닌지를 어떻게 **판별**할 수 있을까요?

133

추정 推定

미루어 생각하여 판단하고 정함.

○ '무죄추정의 원칙'을 아나요? 피고인이 유죄라고 법원에서 판결이 확정될 때까지는 무죄로 추정한다는 원칙이에요. 그러니까 재판이 끝나기 전까지는 피고인을 범죄자 취급해서는 안 된다는 것이지요.

치부 置簿

마음속으로 어떠하다고 생각하거나 여김. 금전이나 물건 등이 들어오고 나감을 기록함.

○ 동음이의어 치부致富는 재물을 모아 부자가 됨이라는 뜻이므로 구별하세요. 참고로 치부책置簿冊은 돈이나 물건이 들어오고 나간 내용을 기록하는 책이에요.

부합 符合

사물이나 현상 등이 서로 꼭 들어맞음.

○ 부신符信은 나뭇조각이나 두꺼운 종이에 글자를 기록하고 도장을 찍은 뒤에, 두 조각으로 쪼개어 한 조각은 상대자에게 주고 다른 한 조각은 자기가 가지고 있다가 나중에 서로 맞추어서 증거로 삼던 물건이에요. 부신이 꼭 들어맞듯 사물이나 현상이 서로 꼭 들어맞을 때 부합한다고 해요.

유추 類推

같거나 비슷한 성질을 가진 것을 통해 다른 사물이나 현상을 미루어 짐작하는 일.

○ 코끼리와 고래는 모두 항온동물이면서 새끼를 낳아 젖을 먹이고 허파로 호흡해요. 이런 공통점을 근거로 코끼리가 포유류라면 고래도 포유류라고 짐작하는 것이 바로 유추하기지요.

집대성 集大成

여러 가지를 한데 모아 하나의 체계를 이루어 완성함.

○ 여럿을 모아 체계를 이루는 집대성과 달리 총망라總網羅는 빠뜨리는 것 없이 모두 모은다는 뜻이에요. 10년간 기출문제를 총망라해서 출제 빈도수에 근거해 집대성하는 일이 되겠지요.

☑ 어휘 확인!

① 학교폭력을 그저 아이들끼리의 가벼운 싸움이라고 □□하지 마.

② 나는 선생님과 부모님의 기대에 □□할 수 있는 사람이 될 거야.

③ 어떤 사람의 말과 행동을 잘 관찰하면 그의 성격도 충분히 □□할 수 있단다.

④ 『여유당전서』는 조선 후기의 실학자인 정약용의 저술을 □□□한 문집입니다.

⑤ 이번 지진의 실제 피해액은 정부가 공식 발표한 액수보다 훨씬 많다고 □□하고 있어요.

정답 : ①치부 ②부응 ③유추 ④집대성 ⑤추정

➤ 함께 알아두기 ◀

추산推算　　짐작으로 미루어 계산함.
▶ 방송사에서 **추산**한 후보 득표율이 방송사마다 크게 다른 이유를 설명해 주세요.

접목椄木　　서로 다른 것들을 잘 어울리게 하여 새로운 것을 만듦을 비유적으로 이르는 말.
▶ 전통 음악과 서양 음악을 **접목**해 세계인이 공감할 수 있는 한국 음악을 창조해 봐.

결부結付　　어떤 사물이나 현상을 다른 것과 서로 관련시킴.
▶ 너처럼 똑똑한 애가 현실과 **결부**된 일에는 왜 그리 숙맥이니?

대중　　대충 어림잡아 헤아림.
▶ 무작정 일을 벌이지 말고 먼저 일에 필요한 예산과 인력을 **대중**으로 계산해 보렴.

모색 摸索

일을 해결할 수 있는 방법이나 방향을 깊고 넓게 생각해서 찾음.

◐ 암중모색暗中摸索은 어둠 속에서 모색한다는 뜻이에요. 즉, 겉으로 드러나지 않게 일의 실마리나 해결책을 찾아내려 한다는 말이에요.

기인 起因

어떤 사건이나 현상 등이 어떤 일에 원인을 둠.

◐ 원인이 없는 결과는 거의 없어요. 어떤 결과는 대체로 특정한 원인에 말미암요. 그래서 이전에 행한 선악에 따라 현재의 행복이나 불행이 결정된다는 인과응보因果應報라는 말이 생겼을 거예요.

상기 想起

지난 일을 다시 생각해 냄.

◐ 동음이의어 상기上氣는 흥분이나 부끄러움으로 얼굴이 붉어짐이라는 뜻이에요. 주로 상기되다로 쓰이지요.

간과 看過

큰 관심 없이 대강 보고 그냥 넘김.

◐ 세상일을 건성건성 간과하지 마세요. 말을 타고 달리며 산천을 구경한다는 주마간산走馬看山의 태도로 자세히 살피지 않고 대충 보고 지나가는 습관은 정작 삶에서 소중하고 소소한 것들을 놓치게 하기 쉬워요.

총괄 總括

각각 떨어져 있는 것들을 한데 모아서 묶음.

◐ 가까운 의미의 말로 뭉뚱그리다가 있어요. 이 말은 되는 대로 대강 한 덩어리로 뭉쳐 싸다 또는 여러 사실을 대강 하나로 묶거나 합쳐서 대강 요약하다의 뜻이랍니다.

어휘 확인!

① 올해 동아리 체육대회 진행은 누가 □□하기로 했어?

② 사교육비를 줄일 수 있도록 합리적이고 현실적인 방안을 □□하세요.

③ 우리 회사의 올해 실적 부진은 해외 수출량의 감소에 □□했다고 생각합니다.

④ 오랜만에 동창 모임에 가서 친구들과의 추억을 □□하는 시간을 가질 거야.

⑤ 비속어 사용 문제를 □□하지 말고 대책을 세워 주세요.

정답 : ①진행 ②모색 ③기인 ④회상 ⑤간과

▶ 함께 알아두기 ◀

재고再考 어떤 일이나 문제 등에 대하여 다시 생각함.
▶ 저 녀석도 이번에 많이 반성했을 테니 처벌을 한 번만 **재고**해 주세요.

속단速斷 신중하게 헤아리지 않고 성급하게 판단함.
▶ 지레짐작으로 결과를 **속단**하지 말고 일의 진행 상황을 지켜보자.

천착穿鑿 어떤 원인이나 내용 등을 따지고 파고들어 알려고 하거나 연구함.
▶ 이 책의 저자는 한국전쟁을 배경으로 휴머니즘의 가치에 대해 **천착**했어요.

왜곡歪曲 사실과 다르게 해석하거나 사실에서 멀어지게 함.
▶ 유진이가 내 말을 짝에게 **왜곡**해서 전하는 바람에 내 입장이 곤란해졌어.

1. 〈보기〉와 가장 관련이 없는 말을 고르세요.

〈보기〉	• 생각하다　• 알다　• 깨닫다

① 인지　② 모색　③ 자각　④ 천착　⑤ 총괄

2. 〈보기〉의 밑줄 친 말과 바꿔 쓰기에 가장 적절하지 않은 말을 고르세요.

───── 〈보기〉 ─────

두 대상의 차이를 구별하다

① 식별　② 판별　③ 감별　④ 감정　⑤ 유추

3. 〈보기〉의 빈칸에 들어갈 알맞은 말을 둘 중에서 고르세요.

───── 〈보기〉 ─────

(1) 상황을 자세히 알지도 못하면서 결과를 섣불리 속단 / 재고 하지 마. 우리가 정확한 자료에 숙고 / 의거 해 다시 추정 / 납득 해 본 결과 손해액은 예상보다 적었어. 연말까지는 시간이 충분히 있으니까 일정을 참작 / 집대성 하면 우리 손해를 더 줄일 수도 있는 셈이지.

(2) 지금 내가 한 말을 유념 / 간과 해라. 먼 훗날 네가 지금 하고 있는 일과 새로운 분야를 판별 / 접목 하는 일에 도전할 때 지금 내가 한 말을 정립 / 상기 해 보아라. 그러면 너도 내 말의 상당한 부분을 수긍 / 치부 하게 될 테니까

4. 다음 열쇳말을 보고 십자말풀이를 완성하세요.

〈가로 열쇠〉

① 어떤 사물이나 현상을 다른 것과 서로 관련시킴

② 이전에 행한 선악에 따라 현재의 행복이나 불행이 결정된다는 뜻의 사자성어

③ 충분히 익혀서 익숙하게 잘 앎

④ 그림이나 글씨, 골동품의 가치를 평가하고 진짜인지 가짜인지 판단하는 전문가

⑤ 대충 어림잡아 헤아림

〈세로 열쇠〉

❶ 사물이나 현상 등이 서로 꼭 들어맞음

❷ 어떤 사람이나 물건, 지역, 국가 등을 알아보는 정도

❸ 짐작으로 미루어 계산함

❹ 목표나 기준 등에 맞는지 안 맞는지를 살핌

❺ 어둠 속에서 모색한다는 뜻으로, 겉으로 드러나지 않게 일의 실마리나 해결책을 찾아내려 한다는 말

알쏭달쏭 헷갈리는 어휘도 뜻과 쓰임을 정확하게 알고 나면 어렵지 않아요

반드시vs반듯이

반드시는 꼭, 틀림없이라는 뜻이고 반듯이는 반듯하게라는 뜻이에요.

▶ 반드시 시험에 합격할 거야!
▶ 허리를 반듯이 세우고 앉아 있어.

부수다vs부시다

부수다는 단단한 물체를 두드려 깨뜨리다라는 뜻이고, 부시다는 그릇을 씻어 깨끗하게 하다 또는 눈부시다라는 뜻으로 쓰여요.

▶ 화를 내며 장난감을 마구 던져 부숴 버렸어.
▶ 밖에 나가면 눈부시니까 꼭 선글라스를 쓰고 가.

비추다vs비치다

비추다는 다른 대상에 빛을 보내 밝게 하다는 뜻으로 목적어가 있어요. 반면 비치다는 빛이 나서 환하게 되다는 뜻인데 목적어가 없지요.

▶ 별빛이 어렴풋이 방안을 비췄어.
▶ 반짝반짝 작은별 아름답게 비치네.

햇볕vs햇빛

햇볕은 햇빛으로 말미암아 생기는 따뜻하고 밝은 기운을 뜻하고, 햇빛은 해의 빛이나 색을 뜻해요.

▶ 햇볕 쨍쨍한 여름 한낮은 너무 더워.
▶ 햇빛이 너무 강해 눈이 따가워.

붙이다vs부치다

맞닿아 떨어지지 않게 한다는 뜻의 말은 붙이다, 편지나 물건 등을 상대에게로 보내다, 어떤 문제를 투표나 회의 등의 대상이 되게 하다와 같은 뜻의 말은 부치다예요.

▶ 온몸에 반창고를 붙였어.
▶ 이것은 학급회의에 부치는 안건이야.

메다vs매다

메다는 어깨에 걸치거나 올려 놓다라는 뜻이고, 매다는 떨어지거나 풀어지지 않도록 끈이나 줄의 두 끝을 묶다라는 뜻이에요.

▶ 어깨에 가방을 메다.
▶ 넥타이를 매다.

조리다vs졸이다

조리다는 양념이 재료에 푹 스며들도록 국물이 거의 없을 정도로 바짝 끓여 내는 것을 이르는 말이고, 졸이다는 찌개나 국의 국물을 줄게 하는 것을 이르는 말이에요.

▶ 한 쪽에는 갈치를 조리고, 또 한쪽에는 된장찌개의 국물을 자작하게 졸였지.

당기다 vs 땅기다 vs 댕기다

당기다에는 좋아하는 마음이 일어나 저절로 끌리다, 입맛이 돋우어지다, 물건 등에 힘을 주어 자기 쪽이나 일정한 방향으로 가까이 오게 하다라는 말이에요. 땅기다는 '몹시 단단하고 팽팽하게 되다라는 말이지요. 댕기다는 불이 옮아 붙다라는 말이고요. 헛갈리지 마세요.

▶ 예쁜 옷은 많은데 당기는 옷이 없어.
▶ 겨울이 되니까 피부가 땅겨.
▶ 나무에 불을 댕겼어.

머지않다 vs 멀지 않다

머지않다는 시간적으로 멀지 않다는 뜻이고 멀지 않다는 공간적으로 멀리 있지 않다는 뜻이에요.

▶ 머지않아 택배 아저씨가 도착하실 거야.
▶ 우리 집은 역에서 멀지 않아.

꽤나 vs 깨나

꽤나는 부사 꽤 뒤에 강조하는 보조사 -나가 붙은 말이에요. 한편, 깨나는 어느 정도 이상의 뜻을 나타내는 보조사여서 다른 명사 뒤에 붙어서 쓰이지요.

▶ 여기까지 오는데 꽤나 오래 걸렸어.
▶ 공부깨나 한다고 남을 깔보면 안 돼.

충돌 vs 추돌

충돌은 서로 맞부딪치거나 맞섬, 추돌은 자동차나 기차 등이 뒤에서 들이받음의 뜻이 있어요.

▶ 버스와 화물차가 정면 충돌하는 바람에 승객들이 많이 다쳤대.
▶ 버스가 급정거해서 뒤의 자동차가 여덟 대나 연달아 추돌하는 사고가 일어났어.

무치다 vs 묻히다

나물 등에 갖은 양념을 넣고 골고루 한데 뒤섞다의 의미로는 무치다를, 흙이나 다른 물건을 쌓아 보이지 않게 감춰졌다는 의미로는 묻히다를 써요.

▶ 이 집은 정말 나물을 잘 무친다.
▶ 너는 흙 속에 묻혔던 진주 같은 아이로구나.

맞추다 vs 맞히다

서로 떨어져 있는 부분을 제자리에 맞게 대어 붙이는 것은 맞추다, 문제에 대한 답을 틀리지 않게 하는 것은 맞히다라고 써요.

▶ 나는 퍼즐을 잘 맞춘다.
▶ 오늘 문제는 모두 정답을 맞혔다.

배다 vs 베다

스며들거나 스며 나오는 것, 또는 배 속에 아이나 새끼를 가지는 것은 배다라고 해요. 날이 있는 연장 따위로 무엇을 끊거나 자르는 것, 누울 때 베개를 머리 아래 받치는 것은 베다라고 하고요.

▶ 새끼를 벤 고양이가 아니라 새끼를 밴 고양이겠지요?

비슷하지만 다른 우리말 +++

다리다vs달이다

옷이나 천 등의 주름이나 구김을 펴고 줄을 세우는 것은 다리다라고 하고, 액체 등을 끓여서 진하게 만드는 것은 달이다라고 해요.

▶ 와이셔츠는 다리고, 한약은 달여요.

빚다vs빗다

가루를 반죽하여 만두, 송편, 경단 등을 만드는 것은 빚다라고 하고, 머리를 빗으로 가지런히 고르는 것은 빗다라고 해요.

▶ 송편을 예쁘게 빚는다고 칭찬 받았어.
▶ 머릿결이 상해서 도무지 빗어지지가 않네.

속다vs솎다

남의 거짓이나 꾀에 넘어가는 것은 속다, 촘촘히 있는 것을 군데군데 골라 뽑아 성기게 하는 것은 솎다라고 해요.

▶ 나쁜 정치인에게 속지 말자.
▶ 무능한 정치인은 모두 솎아 내자.

쌓이다vs싸이다

여러 개의 물건이 겹겹이 포개져 놓이는 것은 쌓이다, 물건이 안에 있어 보이지 않게 가려지는 것은 싸이다예요. 쌓이다는 높이와, 싸이다는 포장이나 가림과 관련 있지요.

▶ 책상에 먼지가 쌓였다.
▶ 예쁜 포장지에 싸인 선물을 받았다.

짓다vs짖다

재료를 들여 무언가를 만드는 것은 짓다, 동물이 목청으로 소리를 내는 것은 짖다라고 해요.

▶ 밥 짓는 냄새가 집 안에 가득 찼다.
▶ 짖는 개는 물지 않는다.

헤치다vs해치다

속에 든 물건을 드러나게 하려고 덮인 것을 파거나 젖히는 것, 또는 모인 것을 흩어지게 하는 것은 헤치다라고 하고, 어떤 상태에 손상을 입혀 망가지게 하거나 해를 입히는 것은 해치다라고 해요.

▶ 이 어려움을 잘 헤쳐 나가자.
▶ 끼니를 잘 챙겨 먹지 않으면 건강을 해쳐.

늘리다vs늘이다

늘리다는 주로 크게, 많게 하다는 뜻의 말이고, 늘이다는 길게 하다는 뜻으로 사용해요.

▶ 실력을 늘리려면 더 열심히 해야 해.
▶ 고무줄을 늘였다.

벌이다vs벌리다

벌이다는 일을 계획하여 시작하거나 펼쳐 놓다, 놀이판이나 노름판 등을 차려 놓다의 뜻으로 쓰여요. 벌리다는 둘 사이를 넓히거나 멀게 하다는 의미로 쓰이고요.

▶ 학기 초에 벌여 놓은 일들을 수습하느라 힘들어.
▶ 입을 크게 벌리고 하품을 했어.

142

홑몸vs홀몸

임신하지 않는 몸은 홑몸, 배우자나 형제가 없는 사람은 홀몸이라고 해요.

▶ 홀몸도 아닌데 조심조심 다녀야지.
▶ 요즘은 주말마다 홀몸이 된 어르신들을 보살펴 드리고 있단다.

되vs돼

되는 그냥 되고요, 돼는 되어의 준말이에요. 되와 돼가 혼동될 때는 되어를 넣어서 말이 되면 돼로 쓰고, 그렇지 않으면 되로 쓰세요.

▶ 유준이는 고등학생이 되고서 사람이 달라졌다.
▶ 유준이는 고등학생이 됐다.
▶ 유준이는 고등학생이 돼(되어)서 나타났다.

안vs않

안과 않이 헷갈리는 곳에 아니와 아니하를 넣어서 말이 되는 걸로 쓰면 돼요. 아니가 자연스러우면 안을 쓰고, 아니하가 자연스러우면 않을 쓰세요.

▶ 유현이가 밥을 안(아니) 먹는다.
▶ 유현이가 밥을 먹지 않는(아니한)다.

-데vs-대

-데는 -더라의 뜻으로 화자가 과거에 직접 경험한 것을, -대는 -다(고) 해의 뜻으로 남의 말을 전달할 때 사용해요.

▶ (내가 어제 보니까) 효리가 참 예쁘데.
▶ (유리가 그러는데) 효리가 참 예쁘대.

붇다
VS
붓다
VS
불다

물에 젖어 부피가 커지다, 분량이나 수효가 많아지다는 뜻으로 쓰이는 말은 붇다예요. '체중이 붇다, 강물이 붇다, 라면이 붇다'와 같이 쓰이지요. 반면, 붓다는 살가죽이나 어떤 기관이 부풀어오르다, 액체나 가루 등을 다른 곳에 담다라는 뜻의 말이에요. 불다는 바람과 관련이 있을 때 써요.

▶ 요즘 점점 체중이 불어서 큰일이야.
▶ 피부가 벌겋게 부었어.
▶ 따뜻한 바람이 불어서 좋아.

-던지vs-든지

과거의 일과 관련되어 있으면 -던지를, 나열이나 선택과 관련이 있으면 -든지를 쓰면 돼요.

▶ 어제 얼마나 공부를 열심히 했던지 코피가 다 났다니까.
▶ 하든지 말든지 네 마음 가는대로 해.

-대로vs-데로

대로는 어떤 상태나 행동이 나타나는 그 즉시라는 뜻의 의존명사이고, 데로는 장소를 뜻하는 의존명사 데에 조사 로가 붙은 거예요. 상태와 관련된 문장에는 -대로를, 장소와 관련된 문장에는 -데로를 쓰면 돼요.

▶ 말하는 대로 이루어질 거야.
▶ 밝은 데로 가서 얘기 하자.

☰

제10장

말과 글 1

새해 첫날부터 덕담은
못할망정 웬 잔소리야

.

아침부터 지연이가 오늘따라 예뻐 보인다며 내게 **아첨**을 하는 거야. 수작을 거는 게 이상해서 이유를 물었더니 조별 과제에서 자기가 맡은 부분을 못 해 왔대. 아파서 그랬다며 미안하다고 **너스레**를 떨기에 군소리 없이 내가 마무리해서 제출은 했지만, 이렇게 너한테 넋두리라도 하지 않고는 속상해서 못 견디겠어.

교장 선생님께서 내년부터 야간자율학습을 의무화겠다고 담화를 발표하신 뒤로 우리 학교 학생들의 **화두**는 온통 자율학습에 대한 것이었어. 학생들의 반발이 심해지자 학생회 차원에서 선생님들과 **간담회**를 가지고, 학생회장이 교장 선생님과 **대담**을 나누기도 했지. 마지막에 교장 선생님께서 **덕담**을 해 주실 정도로 대담은 훈훈하게 마무리되었고, 결국 자율학습은 학생들의 의견을 따르기로 했대.

미세먼지에는 삼겹살이 좋다는 이야기를 **풍문**으로 들었다고? 그건 속설에 불과해. 얼마 전 뉴스에서 전문가들에게 **자문**한 결과를 보니 삼겹살보다는 물이 미세먼지 배출에 더 좋다고 하더라. 아버지께서도 물을 많이 마시라고 늘 **역설**하셨잖아. 굳이 먹는 것에 훈수 두고 싶지는 않지만 웬만하면 물을 많이 마시도록 해.

평소 **언사**가 곱지 않았던 그 연예인이 결국 제작진에게 **폭언**을 행사해 프로그램에서 하차하게 됐다는 관계자의 **전언**이 있었어. 그 사람 대신 어떤 연예인이 투입될지 아직 **언질**은 없지만, 이번에는 **언변**이 화려한 사람보다는 인품이 괜찮은 사람이 나왔으면 좋겠어.

수작 酬酌

서로 말을 주고받음. 또는 그 말. 다른 사람의 말이나 행동, 또는 계획을 낮잡아 이르는 말.

➡ 수작은 술잔을 서로 주고받으며 이야기를 나누는 데서 유래한 말이에요.

넋두리

불만을 길게 늘어놓으며 하소연하는 말.

➡ 굿을 할 때에, 무당이나 가족의 한 사람이 죽은 사람의 넋을 대신하여 하는 말을 넋두리라고 하는데 그 뜻이 점점 확대되어 주절주절 말을 늘어놓는다는 일상적인 뜻으로 쓰이게 되었어요.

너스레

수다스럽게 떠벌려 늘어놓는 말이나 짓.

➡ 너스레는 흙구덩이나 그릇의 아가리 또는 바닥에 이리 저리 걸쳐 놓아서 그 위에 놓는 물건이 빠지거나 바닥에 닿지 않게 하는 막대기를 뜻해요. 너스레를 늘어놓듯이 말을 떠벌린다는 뜻이지요.

군소리

하지 않아도 좋을 쓸데없는 말.
비슷한말 군말, 두말, 잠꼬대, 헛소리

➡ 잠이 들었을 때 꿈결에 하는 말이나 몹시 앓을 때 정신 없이 하는 말도 군소리라고 해요.

아첨 阿諂

남에게 잘 보이려고 꾸며 말하거나 행동함. 또는 그런 말이나 행동. 비슷한말 아부阿附

➡ 칭찬이 마음에서 우러나오는 것이라면, 아첨은 상대의 비위를 맞추기 위해 그 사람이 하는 일은 무조건 좋다고 하는 것이에요.

✔️ 어휘 확인!

① 내 동생은 심부름을 시킬 때마다 ☐☐☐가 많아서 차라리 내가 하는 게 속 편해.

② ☐☐은 처음 들을 때는 기분이 좋을지 몰라도, 자꾸 듣다 보면 도리어 싫증이 나는 법이야. 진심이 담긴 말이 아니기 때문이지.

③ 속상해하시는 부모님의 기분을 바꿔드리려고 ☐☐☐를 좀 떨었어.

④ 준현이가 울면서 늘어놓는 ☐☐☐를 한 시간째 들어주느라 주문한 햄버거는 먹지도 못했어.

⑤ 오늘 아침 버스에서 내 옆자리에 앉았던 아이가 마음에 들어 ☐☐을 건네 봤지만, 대꾸도 없지 뭐야!

정답 : ① 군소리 ② 입발림 ③ 너스레 ④ 넋두리 ⑤ 수작

➤ 함께 알아두기 ◀

신소리   상대편의 말을 슬쩍 받아 엉뚱한 말로 재치 있게 넘기는 말.
 ▶ 그에게는 날선 비판도 **신소리**로 넘길 줄 아는 여유가 있어.

공치사功致辭   남을 위하여 수고한 것을 생색내며 스스로 자랑함.
 ▶ 윤재가 부탁 한 번 들어주고는 어찌나 **공치사**를 늘어놓던지, 고맙던 마음도 다 사라지더라.

말본새-本-   말하는 태도나 모양새.
▶ 토론이 격렬해지면서 참여자들의 **말본새**가 거칠어졌다.

볼멘소리   서운하거나 성이 나서 퉁명스럽게 하는 말투.
▶ 그 친구가 겉으로는 화가 풀렸다고 하면서도 여전히 **볼멘소리**로 내게 말하는데 나는 어쩌면 좋을까?

화두 話頭

이야기의 첫머리. 관심을 두어 중요하게 생각하거나 이야기할 만한 것.

◑ 화두는 본래 불교에서 수행을 하는 사람이 풀어야 할 물음을 뜻해요. 화두를 깊이 고민하며 깨달음에 이르는 것을 화두 수행이라 하는데, 이것이 일상적 삶에서 가지는 지속적인 관심이라는 뜻으로 확대되었지요.

담화 談話

서로 이야기를 주고받음. 한 단체나 공적인 자리에 있는 사람이 어떤 문제에 대한 의견이나 태도를 밝히는 말.

◑ 담화는 어떤 목적을 달성하기 위해 사용하는 구어적 형태의 언어를 뜻하기도 해요. 정보 전달, 사교, 선언, 약속, 호소 등 목적에 따라 여러 가지로 나뉘어요.

간담 懇談

서로 정답게 이야기를 주고받음. 또는 그 이야기.

◑ 서로 정답게 이야기를 나누는 모임을 간담회라고 해요.

대담 對談

마주 대하고 말함. 또는 그런 말. 비슷한말 대화對話

◑ 대화도 마주 대하여 이야기를 주고받는다는 점에서 같지만, 대담은 일정한 주제를 놓고 모인 사람끼리 이야기를 주고받는다는 점에서 달라요.

덕담 德談

남이 잘되기를 비는 말. 반대말 악담惡談

◑ 덕담은 주로 새해에 많이 나누는 인사예요. 일반적으로 세배를 받는 윗사람이 덕담을 건네고 난 후 아랫사람이 안부를 여쭈어야 해요.

어휘 확인!

① 오랜만에 만난 친구들과 ☐☐을 나누느라 밤이 새는 줄도 몰랐어.

② 대통령은 여론을 진정시키기 위해 특별 ☐☐를 발표했어.

③ 졸업식 날 담임 선생님께서는 고등학교에 가서도 잘 지내고 건강하라며 ☐☐을 해 주셨어.

④ 시 교육감은 학교폭력 근절에 대한 학생들과의 ☐☐을 통해 대책 마련을 약속했대.

⑤ 요즘 나의 ☐☐는 '행복한 삶이란 무엇인가'야. 어떻게 살아야 진정으로 행복할지 진지하게 고민하고 있어.

▶ 함께 알아두기 ◀

비화秘話   세상에 드러나지 않은 이야기.
▶ 우리 국어 선생님은 문학 작품과 그 작가에 대한 **비화**를 많이 알고 계셔서 수업 시간이 흥미진진해.

담소談笑   웃고 즐기면서 이야기함. 또는 그런 이야기.
▶ 집 근처에 차를 마시면서 **담소**를 나누기 좋은 조용한 찻집을 발견했어.

미담美談   사람을 감동시킬 만큼 아름다운 내용을 가진 이야기.
▶ 거리에 쓰러진 어르신을 도와 119에 신고하고 뒷수습까지 책임진 훈훈한 **미담**의 주인공이 내 친구라는 게 무척 자랑스러워.

자문 諮問

어떤 일을 좀 더 효율적이고 바르게 처리하려고 그 방면의 전문가나, 전문가들로 이루어진 기구에 의견을 물음.

⟳ 흔히 '자문을 구하다'와 같이 쓰는데, 답은 구하거나 받을 수 있지만 자문에는 이미 묻는다는 뜻이 포함되어 있으므로 '자문을 하다'와 같이 써야 해요.

풍문 風聞

바람처럼 떠도는 소문.

⟳ 풍문으로 전해져 오는 이야기는 흔히 사망설, 연인설, 결별설과 같이 -설說로 쓰여요.

역설 逆說

어떤 주의나 주장에 반대되는 이론이나 말. 표면적으로는 앞뒤가 맞지 않지만, 실질적인 내용은 진리를 나타내고 있는 말.

⟳ 동음이의어 역설力說은 자기의 뜻을 힘주어 말함이라는 뜻이에요. '시간의 중요성을 역설하다'와 같이 쓰이지요.

속설 俗說

사람들 사이에서 전하여 내려오는 설이나 의견.

⟳ 시험 날 아침 미역국을 먹으면 시험에서 미끄러진다거나, 찹쌀떡이나 엿을 먹으면 꼭 합격한다거나 하는 이야기들이 바로 속설이에요. 속설이 아니라 자기 자신에 대한 믿음이 훨씬 중요하다는 사실, 다들 알고 있지요?

훈수 訓手

남의 일에 끼어들어 이래라저래라 하는 말.

⟳ 훈수는 본래 바둑이나 장기 등을 둘 때에 구경하던 사람이 끼어들어 수를 가르쳐 준다는 데서 유래한 말이에요.

어휘 확인!

① 알아서 잘해 나가고 있는 사람한테 굳이 이래라저래라 ☐☐를 둘 필요는 없어.

② ☐☐으로 떠도는 이야기를 확인도 하지 않고 기사화하는 기자들은 언론인의 자격이 없어.

③ 합리적인 정책 결정을 위해 여러 전문가들이 포함된 ☐☐ 기관을 설치했습니다.

④ 눈이 펑펑 내려 이사하는 데 애를 먹었지만, 이삿날 눈이 오면 잘 산다는 ☐☐ 때문인지 아무도 불평하지 않았어.

⑤ 진이는 내 주장에 사사건건 말도 안 되는 ☐☐을 퍼부어서 화나게 해.

정답 : ①훈수 ②낭설 ③자문 ④속설 ⑤궤변

▶ 함께 알아두기 ◀

추문醜聞   지저분하고 좋지 못한 소문.
> ▶ 그렇게 **추문**을 많이 달고 다니는 사람을 우리 지역의 대표로 뽑을 순 없지.

낭설浪說   터무니없는 헛소문.
> ▶ 한동안 민준이는 부정행위로 시험 성적이 올랐다는 **낭설**에 시달려 괴로워했어.

통설通說   세상에 널리 알려지거나 일반적으로 인정되고 있는 의견이 나 학설.
> ▶ 최근 백제 시대의 유적지에서 목면으로 된 직물이 발견되면서 문익점이 목화씨를 가져오면서 면직물 생산이 처음 시작되었다는 기존의 **통설**이 비판되고 있대.

전언 傳言

말을 전함. 또는 그 말.

💬 옛날에는 다방이나 역의 대합실 등에서, 약속한 사람을 만나지 못했을 때 전달할 말을 써 두거나 글쪽지를 꽂아 놓도록 만든 판이 있었어요. 이를 전언판傳言板이라고 했는데 지금의 메모판과 같아요.

언사 言辭

말이나 말씨.

💬 여러 명이 함께 보는 SNS 단체 대화방에서 모욕적인 언사를 사용하면 모욕죄에 해당할 수 있어요. 평소 긍정적인 언사를 사용하는 습관을 들이는 것이 좋겠지요?

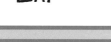

언변 言辯

말을 잘하는 재주나 솜씨.

비슷한말 말솜씨, 말재주, 말주변

💬 삼촌설三寸舌이라는 말이 있어요. 길이가 세 치밖에 안 되는 짧은 혀라는 뜻으로, 사람을 움직이게 하는 뛰어난 언변을 가리키는 말이랍니다.

언질 言質

나중에 꼬투리나 증거가 될 말. 또는 앞으로의 일에 대해 추측할 수 있게 하는 말.

💬 어떤 일이나 현상 등의 결과를 예측할 수 있는 단서를 제공한다는 의미로 '언질을 주다'와 같이 사용해요. '언지'로 사용하는 사람들도 있는데 이는 잘못된 표현이랍니다.

폭언 暴言

거칠고 사납게 말함. 또는 그런 말.

💬 폭暴은 사납다, 난폭하다, 세차다는 뜻의 한자예요. 다른 사람을 때리거나 해치는 등의 거칠고 사나운 행동은 폭행暴行, 매우 세차게 부는 바람은 폭풍暴風이라고 하지요.

어휘 확인!

① 얘들아, 오늘은 선생님께서 출장을 가셔서 종례가 없어. 대신 내일 지각하지 말라는 담임 선생님의 □□이 있었어.

② 화가 나면 앞뒤 가리지 않고 상대에게 □□을 퍼붓는 내 성격을 고치고 싶어.

③ 아무런 □□도 없이 갑자기 쪽지시험을 본다고?

④ 유진이는 화려한 □□로 사람을 끄는 힘이 있지.

⑤ 우리 반 반장은 □□이 좋아서 늘 학급의 분위기를 주도하곤 해.

➤ 함께 알아두기 ◀

격언格言 오랜 시간 동안 전해지는 인생에 대한 교훈이나 경계 등을 간결하게 표현한 짧은 글.
▶ 나는 '오랫동안 꿈을 그리는 사람은 마침내 그 꿈을 닮아 간다'는 **격언**을 가장 좋아해.

실언失言 실수로 잘못 말함. 또는 그렇게 한 말.
▶ 말이 많으면 **실언**을 하게 마련이야. 후회하지 않도록 말을 아껴 사용해야 해.

밀담密談 남몰래 이야기함. 또는 그렇게 하는 이야기.
▶ 그들이 목소리를 낮추어 **밀담**을 주고받는 광경을 한두 번 목격한 게 아니야.

허언虛言 실속이 없는 빈말. 거짓말.
▶ 자신이 거짓말을 하고 그걸 그대로 믿는 병이나 증상을 **허언**증이라고 한대.

1. 다음 뜻에 해당하는 말을 고르세요.

(1) 서로 정답게 이야기를 주고받음. 또는 그 이야기
① 간담 ② 악담 ③ 밀담 ④ 덕담 ⑤ 미담

(2) 서운하거나 성이 나서 퉁명스럽게 하는 말투
① 수작 ② 신소리 ③ 말본새 ④ 공치사 ⑤ 볼멘소리

(3) 사람들 사이에서 전하여 내려오는 설이나 의견
① 낭설 ② 속설 ③ 대화 ④ 비화 ⑤ 격언

2. 다음 중 부정적인 의미를 포함하지 않은 말을 고르세요.

① 폭언 ② 실언 ③ 추문 ④ 허언 ⑤ 언사

3. 비슷한말끼리 연결하세요.

전언 •　　　　　• 아부
군소리 •　　　　　• 전설
아첨 •　　　　　• 대화
대담 •　　　　　• 군말
언변 •　　　　　• 말솜씨

4. 〈보기〉의 빈칸에 들어갈 알맞은 말을 둘 중에서 고르세요.

――――――――― 〈보기〉 ―――――――――

대학생이 된 오빠가 여자친구와 헤어져서 상심해 있으니 잘 해주라는 엄마의 <u>언질 / 허언</u>이 있었어. 아니나 다를까 오빠는 며칠째 저녁도 안 먹고 사는 게 너무 괴롭다며 <u>넋두리 / 너스레</u>를 늘어놓더라. 오빠에게 사랑은 또 온다고 <u>훈수 / 담소</u>를 뒀더니 나보고 너는 어려서 아무것도 모른대. 어떻게 위로해 주면 좋을까?

5. 다음 열쇳말을 보고 십자말풀이를 완성하세요.

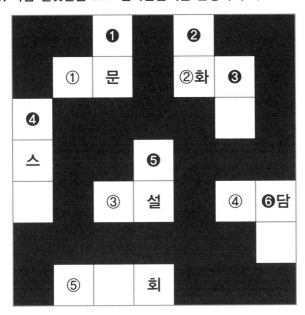

〈가로 열쇠〉

① 어떤 일을 좀 더 효율적이고 바르게 처리하려고 그 방면의 전문가나, 전문가들로 이루어진 기구에 의견을 물음

② 이야기의 첫머리. 관심을 두어 중요하게 생각하거나 이야기할 만한 것

③ 세상에 널리 알려지거나 일반적으로 인정되고 있는 의견이나 학설

④ 덕담의 반대말로, 남을 헐뜯거나 남에게 나쁜 일이 일어나도록 저주하는 말

⑤ 서로 정답게 이야기를 나누는 모임

〈세로 열쇠〉

❶ 바람처럼 떠도는 소문

❷ 서로 이야기를 주고받음

❸ 군소리의 비슷한말로, 처음에 했던 말과는 다른 내용의 말. '한 입으로 ○○하지 마.'

❹ 수다스럽게 떠벌려 늘어놓는 말이나 짓

❺ 자기의 뜻을 힘주어 말

❻ 웃고 즐기면서 이야기함

제11장

말과 글 2

도장은 안 돼!
부모님 자필 사인을
받아 와야 해

ꕯ.

우리 조상님 중에 **문필**로 유명하신 분이 있다기에 **문헌** 자료를 찾아 **전문**을 읽어 봤더니, 과연 **명문**이더라고. 예전에는 한자로 글을 써야 해서 **문맹**이 많았다고 하는데, 이렇게 멋진 글을 쓰셨다니 어깨가 으쓱해지더라니까.

우리 집 서재에는 수천 권이 넘는 **장서**가 있어. 어느 날 책을 뒤지다가 갈피에 꽂혀 있는 낡은 편지를 발견했어. 억울한 사연이 담긴 **투서**였지. 할아버지는 변호사셨거든. 할아버지는 곧바로 억울함을 풀어 주겠다는 **회신**을 보냈고, 결국 그 사람은 무죄 석방이 되었어. 꼼꼼하게 정리된 각종 **조서**와 **증서** 등 그 당시 변론 자료를 보니 할아버지가 그립다.

나는 나중에 로봇 기술에 관련한 책을 **저술**하는 게 꿈이야. 그래서 **필력**을 다듬어 보려고 유명 작가의 책 중에서 마음에 드는 작품을 골라 며칠째 **필사**하고 있어. **자필**로 하나하나 옮겨 쓰면서 작가가 집필할 때의 분위기나 생각 등을 상상하다 보니 마치 나도 작가가 된 듯했어.

이번에 **출간**된 그 정치인이 쓴 수기 읽어 봤어? 깜짝 놀랄 내용이 들어 있어서 책을 찾는 사람이 많다고 해. 평론가들이 그 내용에 대해 앞다투어 부정적인 **논평**을 발표하기도 했고, 독자들이 신문사에 반박기사를 **투고**하기도 했대. 이렇게 여론이 안 좋으면 내용이 삭제될지도 몰라. 초판이 다 팔리기 전에 책을 사야겠어.

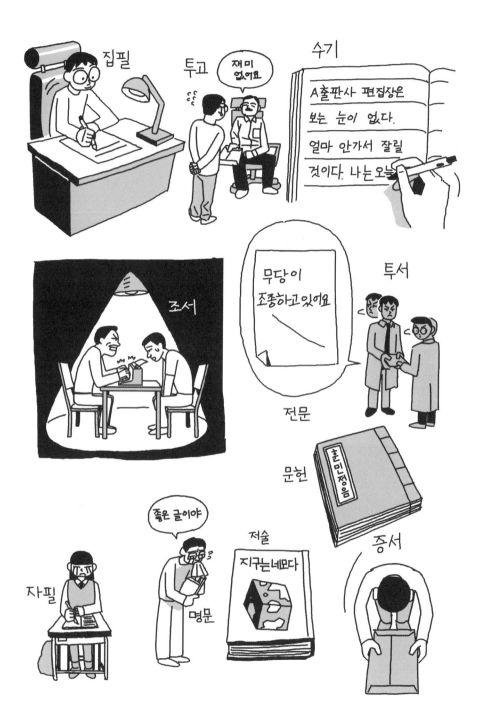

집필

투고

재미
없어요

수기

A출판사 편집장은
보는 눈이 없다.
얼마 안가서 잘릴
것이다. 나는 오늘

조서

무당이
조종하고있어요

투서

전문

문헌

훈민정음

좋은 글이야

저술

지구는네모다

증서

자필

명문

문헌 文獻

옛날의 제도나 문물을 아는 데 증거가 되는 자료나 기록. 연구의 자료가 되는 책이나 문서.

➡ 문헌정보학은 각종 문헌과 영상 자료 등의 지식과 정보를 체계적으로 수집·관리해 배포하는 학문이에요.

문필 文筆

글과 글씨. 글을 짓거나 글씨를 쓰는 일.

➡ 글을 짓는 일을 전문적으로 하는 사람을 문필가文筆家라고 해요.

문맹 文盲

배우지 못하여 글을 읽거나 쓸 줄을 모름. 또는 그런 사람. 비슷한말 까막눈이, 눈뜬장님

➡ 유네스코가 세계 각국에서 문맹 퇴치에 가장 공이 많은 개인이나 단체를 뽑아 시상하는 상의 이름은 세종대왕 문해상이랍니다.

전문 全文

어떤 글에서 한 부분도 빠지거나 빼지 않은 전체.

➡ 전문에서 주요 내용을 뽑아 간략히 정리한 것은 개요槪要라고 해요.

명문 名文

매우 잘 쓴, 좋은 글.

➡ 동음이의어 명문名門은 훌륭한 가문이나 이름난 좋은 학교를 뜻해요.

✓ 어휘 확인!

① 쉬운 한글 덕분에 우리나라 ☐☐ 인구는 적은 편이야.

② 내가 조선시대에 태어나서 과거시험을 봤다면 ☐☐을 써서 장원급 제했을 거야.

③ 소설은 줄거리보다 ☐☐을 읽어야 진정한 재미를 느낄 수 있지.

④ 그 베스트셀러 작가는 어릴 때부터 ☐☐에 탁월한 재능을 보였대.

⑤ 이 유물은 삼국시대 ☐☐에 기록된 것으로, 그 가치가 매우 높대.

➤ 함께 알아두기 ◄

공문公文 　공공기관이나 단체에서 업무에 관련해 공식적으로 작성한 서류.
　　▶ 교육청에서 이번 지진 때문에 각 학교에 휴교하라는 **공문**을 보냈대.

문호文豪 뛰어난 문학 작품을 많이 써서 알려진 사람.
　　▶ 러시아의 대표적인 **문호**는 톨스토이가 아닐까.

장문長文 　긴 글. 또는 줄글.
　　▶ 잘못을 저지른 정치인은 **장문**의 사과문을 발표하고, 국민들에게 머리를 숙였다.

서간書簡 안부, 소식, 용무 등을 묻는 글, 즉 편지.
　　▶ 조선시대 여인들은 한글로 **서간**을 주고받았다고 한다.

163

장서 藏書

책을 잘 보관해 둠. 또는 그 책. 비슷한말 장본藏本

◐ 개인, 공공단체, 문고 등에서 소장한 책에 찍어서 그 소유를 밝히는 도장을 장서인藏書印이라고 해요.

조서 調書

조사한 사실을 적은 문서. 소송 절차가 진행되는 과정과 내용을 공적으로 증명하기 위하여 법원 또는 그 밖의 기관이 작성하는 문서.

◐ 형사 사건의 재판 절차에 대하여 작성한 조서를 공판 조서라고 해요.

증서 證書

권리, 의무, 사실 등을 증명하는 문서.

◐ 보증서保證書는 제품이나 서비스가 틀림이 없음을 증명하거나 계약 등이 확실하게 이루어졌음을 증명하는 서류예요.

투서 投書

드러나지 않은 사실이나 남의 잘못을 고발하기 위해 어떤 기관이나 대상에게 글을 써서 몰래 보내는 일. 또는 그런 글.

◐ 투서는 보통 내부 관련자나 이 일과 관련해 피해를 본 사람들이 보내는 것이라서 불이익을 당하지 않기 위해서는 익명이 보장되어야 하지요.

회신 回信

질문이나 편지 등에 대하여 편지나 전화 등으로 답을 함. 비슷한말 답신答信, 반신返信

◐ 답신은 회답으로 편지나 통신을 보냄 또는 그 편지나 통신을 가리켜요. 편지를 뜻하는 서신書信에서도 알 수 있듯이 신信은 편지를 뜻한답니다.

어휘 확인!

① 경찰은 용의자를 체포해서 사건을 조사한 뒤 □□를 작성하였다.

② 비리 혐의로 구속된 공무원에 관한 사람들의 □□가 잇따르고 있다.

③ 서재에 있는 □□를 모두 마을 도서관에 기증하고 싶어.

④ 해외에 살고 있는 친구에게 편지를 보냈는데 바로 □□이 와서 놀랐어.

⑤ 명문 대학에 입학한 것보다 더 기쁜 일은 대학 4년 동안 장학금을 준다는 장학금 □□를 받은 거야.

정답 : ① 조서 ② 진술 ③ 장서 ④ 답서 ⑤ 증서

➤ 함께 알아두기 ◄

명세서明細書 　주로 물품이나 금액의 내용이나 항목, 수량 등을 자세하고 구체적으로 적은 문서.
　▶ 통신비를 비롯한 각종 **명세서**를 전자메일로 받고 있다.

서식書式 　일정한 형식을 갖춘 서류를 쓰는 방식.
　▶ 모두가 보기 편하게 정해진 **서식**에 따라 문서를 작성할 줄도 알아야 해.

시말서始末書 　잘못을 저지른 사람이 사건이 진행되어 온 과정을 자세히 적은 문서.
　▶ 잘못한 사안에 대해서는 **시말서**를 작성하겠습니다.

금서禁書 　국가에 의해 출판 및 판매, 독서, 소유가 법적으로 금지된 책.
　▶ 월북 작가였던 백석의 시집도 예전에는 **금서**였다고 해.

저술 著述

주로 학술적인 글이나 책 등을 씀. 또는 그런 글이나 책. 비슷한말 저작著作

➡ 저작은 예술이나 학문에 관한 책이나 작품 등을 짓는 일 또는 그 책이나 작품을 가리키는 말이에요.

집필 執筆

직접 글을 쓰는 것을 이르는 말.

➡ 필筆은 동물의 털이나 가죽, 대나무, 짚 등으로 만든 글을 쓰는 도구를 가리켜요. 동음이의어인 필疋은 천을 세는 단위, 필匹은 말이나 소를 세는 단위예요.

자필 自筆

자기 손으로 직접 글씨를 씀. 또는 그 글씨.
비슷한말 육필肉筆 반대말 대필代筆

➡ 대필작가는 다른 사람의 회고록이나 자서전 등을 대신 써 주는 일을 업으로 삼는 작가예요. 이처럼 대필에는 남을 대신해 글을 씀이라는 뜻도 있어요.

필사 筆寫

글이나 글씨를 베껴 씀.

➡ 동음이의어 필사必死는 죽을힘을 다한다는 뜻을 가지고 있어요.

필력 筆力

글씨의 획에서 드러난 힘이나 기운. 글을 쓰는 능력.

➡ 필력이 좋아 매우 잘 쓴 글씨나 뛰어난 글솜씨를 가진 사람을 명필名筆이라고 하지요.

✓ 어휘 확인!

① 계약서는 꼼꼼히 읽어 보고 반드시 □□로 서명을 해야 한다.

② 오랫동안 습작을 한 덕분인지 □□이 날로 세련되고 아름다워졌다.

③ 시를 읽고 바로 옆에 □□를 하는 책이 요즘 유행이래.

④ 어떤 작가는 한 번 □□을 시작하면 며칠 밤낮을 글만 쓴다는 소문이 있어.

⑤ □□과 강의로 바쁜 시간을 보내고 계신 교수님을 강연자로 모시게 되어 영광입니다.

➤ 함께 알아두기 ◀

필체筆體	손으로 직접 쓴 글씨의 모양.
	▶ 사람은 저마다 고유한 **필체**가 있다.
절필絕筆	다시는 글을 쓰지 않음. 죽기 전에 마지막으로 쓴 글이나 글씨.
	▶ 유명 작가의 **절필** 소식은 문단에 큰 충격을 주었다.
친필親筆	손으로 직접 쓴 글씨.
	▶ 저자의 **친필** 사인이 담긴 책을 선물받았어.
필명筆名	글씨나 글을 잘 써서 얻는 명예. 글을 써서 발표할 때에 사용하는, 본명이 아닌 이름.
	▶ 나도 나중에 작가가 되면 멋진 **필명**을 짓고 싶어.

어떤 글이나 말, 사건 등에 대하여 옳고 그름이나 좋고 나쁨 등을 판단하여 드러내 알림. 또는 그런 비평.

논평 論評

◑ 비평批評은 사물의 옳고 그름, 아름다움과 추함 등을 분석하여 가치를 논한다는 뜻이에요.

책이나 그림 등을 인쇄하여 세상에 내놓음.
비슷한말 출판出版

출간 出刊

◑ 출간, 출판, 간행刊行, 발간發刊 모두 책이나 신문, 잡지 등을 인쇄해서 펴낸다는 뜻을 가지고 있어요.

집필 의뢰를 받지 않은 사람이 신문이나 잡지 등에 실어 달라고 원고를 써서 보냄. 또는 그 원고.

투고 投稿

◑ 집필 의뢰, 즉 원고 청탁을 받은 사람이 원고를 써서 보내는 것은 기고寄稿라고 해요. 신문이나 잡지에 실리는 글이나 출간되는 책의 원고는 투고 또는 기고로 이루어지겠지요?

자기가 겪은 일을 직접 기록한 글. 글이나 글씨를 자기 손으로 직접 씀.

수기 手記

◑ 동음이의어 수기修己는 자신을 수양함, 수기手技는 손재주, 수기手旗는 손에 잡는 작은 깃발을 뜻해요.

책의 첫 출판. 또는 그 출판물.

초판 初版

◑ 재판再版은 이미 간행된 책을 다시 출판하는 것 또는 지난 일을 되풀이한다는 뜻을 가지고 있어요.

어휘 확인!

① 신문사는 □□을 통해 지난 3년간 정부의 경제정책을 비판하였다.

② 그동안 열심히 쓴 소설을 출판사에 □□했다.

③ 봉사 활동 체험 □□를 읽고 많은 학생들이 봉사 활동에 적극 나서면 좋겠다.

④ 뜻있는 제자들이 모여 선생님의 가르침을 담은 책을 □□하기로 했다.

⑤ 그 시인의 시집 □□은 이제 사고 싶어도 살 수 없는 희귀본이 되었어.

  함께 알아두기

첨삭添削 남이 쓴 글이나 답안 등에 내용을 일부 보태거나 삭제하여 고침.
▶ 글을 쓰고 난 뒤에 **첨삭** 과정을 거치면 더 좋은 글이 되지.

탈고脫稿 원고 쓰기를 마침.
▶ 3년 동안 열심히 준비한 논문을 드디어 **탈고**하였다.

절판絕版 출판된 책이 다 팔려서 없거나 더 이상 출판하지 않음.
▶ 법정스님의 유언에 따라 그분의 책은 모두 **절판**하기로 했다.

기술記述 어떤 사실을 있는 그대로 적음. 또는 그런 기록.
▶ 보태거나 빼지 말고 객관적으로 **기술**하세요.

요지要旨 말이나 글에서 핵심이 되는 중요한 내용.
▶ 국어 시험을 잘 보려면 주어진 **지문**의 요지를 잘 파악해야 해.

1. 다음 뜻에 해당하는 말을 고르세요.

(1) 글이나 글씨를 베껴 씀
① 집필   ② 자필   ③ 필사   ④ 절필   ⑤ 친필

(2) 질문이나 편지 등에 대하여 편지나 전화 등으로 답을 함
① 회신   ② 서식   ③ 탈고   ④ 요지   ⑤ 장문

(3) 국가에 의해 출판 및 판매, 독서, 소유가 법적으로 금지된 책
① 서간   ② 초판   ③ 조서   ④ 금서   ⑤ 투서

2. 〈보기〉와 같이 뛰어난 문학 작품을 많이 써서 알려진 사람을 가리키는 말을 쓰세요.

───── 〈보기〉 ─────

• 톨스토이-『사랑과 평화』   • 괴테-『파우스트』
• 빅토르 위고-『레미제라블』   • 도스토옙스키-『죄와 벌』
• 셰익스피어 -『햄릿』   • 박경리-『토지』

3. 말과 뜻을 바르게 연결하세요.

문맹 •   • 글을 짓거나 글씨를 쓰는 일
문필 •   • 배우지 못하여 글을 읽거나 쓸 줄을 모름
투고 •   • 신문이나 잡지 등에 실어 달라고 원고를 써서 보냄
첨삭 •   • 출판된 책이 다 팔려서 없거나 더 이상 출판하지 않음
절판 •   • 남이 쓴 글이나 답안 등에 내용을 일부 보태거나 삭제하여 고침

4. 다음 열쇳말을 보고 십자말풀이를 완성하세요.

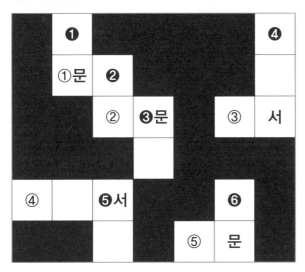

〈가로 열쇠〉

① 글과 글씨. 글을 짓거나 글씨를 쓰는 일

② 매우 잘 쓴, 좋은 글

③ 책을 잘 보관해 둠. 또는 그 책

④ 잘못을 저지른 사람이 사건이 진행되어 온 과정을 자세히 적은 문서

⑤ 어떤 글에서 한 부분도 빠지거나 빼지 않은 전체

〈세로 열쇠〉

❶ 공공기관이나 단체에서 업무에 관련해 공식적으로 작성한 서류

❷ 글씨나 글을 잘 써서 얻는 명예

❸ 옛날의 제도나 문물을 아는 데 증거가 되는 자료나 기록

❹ 주로 물품이나 금액의 내용이나 항목, 수량 등을 자세하고 구체적으로 적은 문서

❺ 안부, 소식, 용무 등을 묻는 글, 즉 편지

❻ 긴 글. 또는 줄글

제12장

말과 글 3

이미 결론 난 일에 더 이상 왈가왈부하지 마

반영

권고

대변

옹호

눙치다

설파

그 일에 대해서는 그만 왈가왈부하라고 몇 번을 말하니? 나한테 자꾸 되뇌어 보았자 소용없다고! 으름장을 놓으며 먼저 시비를 건 사람들은 그들이야. 게다가 자꾸 이죽거리면서 내 화를 돋우는데 얼마나 더 참으라는 거야. 나는 잘못이 없어. 그들의 행동에 대해 눙칠 생각 없으니 더 이상 이야기하지 마.

다른 사람들과 어울리는 것에 관심이 없고, 여가 시간을 혼자 보내는 나홀로족을 표방하는 사람이 늘고 있습니다. 이들은 당당하게 자신이 나홀로족임을 천명하고 있죠. 인간관계에 무관심하다는 질타에 대해 항변하기도 합니다. 오히려 마음껏 혼자만의 시간을 즐길 수 있다며 나홀로족의 좋은 점을 설파합니다.

언제부터인가 아침밥 먹기의 중요성을 피력하는 기사가 늘고 있어. 아침밥이 학업 성취도를 향상시킨다는 주장을 규명한 논문을 근거로 거론하면서 말이야. 이처럼 여기저기서 아침밥 먹기에 대해 운운하지만 정작 학생들은 부족한 수면 때문에 아침밥 먹기가 어렵다고 토로하고 있어.

오늘 게시판에 진로 상담 일정이 고지된 거 봤어? 나는 아직 진로 결정을 못했는데……. 일단 선생님께 조언을 구하는 게 좋을까? 부모님은 자꾸 안정적인 직업인 공무원을 권고하시거든. 그 말씀에 응수할 말이 떠오르지 않아서 알겠다고, 열심히 공부하겠다고 했지만 사실 나는 약자를 대변할 수 있는 다른 일을 하고 싶어.

되뇌다

같은 말을 되풀이하여 말하다.

◎ 흔히 되뇌이다로 알고 있는데 되뇌다가 맞는 표현이에요. '그는 같은 말을 버릇처럼 늘 되뇐다', '그녀는 입속으로 그 말을 몇 번이고 되뇌었다'와 같이 써요.

왈가왈부하다
曰可曰否--

어떤 일에 대하여 옳다거나 옳지 않다고 서로 말하다.

◎ 가타부타可−否− 역시 어떤 일에 대해 옳다느니 그르다느니 함이라는 명사예요. '가타부타 말 좀 해라'와 같이 쓴답니다.

으름장

말이나 행동으로 남을 위협하는 짓.

◎ 으름장은 상대편이 겁을 먹도록 무서운 말이나 행동으로 위협한다는 뜻을 지닌 으르다의 명사형인 으름에 장이 합쳐져 만들어진 말이에요.

이죽거리다

자꾸 밉살스럽게 이야기하거나 비웃는 태도로 놀리다. 비슷한말 이죽대다

◎ 자꾸 밉살스럽게 지껄이며 짓궂게 빈정거리다의 뜻을 지닌 이기죽거리다의 준말이에요.

눙치다

마음 등을 풀어 누그러지게 하다.

◎ 어떤 행동이나 말 등을 문제 삼지 않고 넘긴다는 뜻도 있어요.

어휘 확인!

① 이게 옳으니 저게 옳으니 □□□□□□ 말다툼만 하지 말고 명확한 결정을 내려야 해요.

② 한 번만 더 싸우면 둘 다 가만두지 않겠다고 □□□을 놓았다.

③ 지금까지 한 말을 그냥 없었던 것으로 □□□고?

④ 진숙이는 의사가 되어 아픈 사람을 치료해 주는 훌륭한 의사가 될 거라고 입버릇처럼 □□□ 했다.

⑤ □□□□□ 친구의 모습에 엄청 기분이 나쁘고 화가 났어.

정답 : ①빈정대는거리며 ②으름장 ③물리자 ④빈정대 ⑤비아냥거리는

➤ 함께 알아두기 ◄

비아냥거리다 얄미운 태도로 비웃으며 놀리다.
> ▶ 일류 대학을 나온 사람이 그 정도밖에 못하느냐고 **비아냥거리더라.**

이간질
離間- 두 사람이나 나라 등의 중간에서 서로를 멀어지게 하다.
> ▶ 그는 나와 그녀 사이를 **이간질**했다.

어깃장 순순히 따르지 않고 반항하는 말이나 행동.
> ▶ 지난번에 함께 결정한 일인데 왜 **어깃장**을 놓고 그래?

빈정대다 남을 은근히 비웃으며 자꾸 비꼬는 말을 하거나 놀리다.
> ▶ 성주는 **빈정대는** 말투 좀 고쳐야 해. 친구라도 더 이상 참을 수가 없어.

177

표방 標榜

어떤 이유를 붙여 자기의 주의나 주장, 처지 등을 앞에 내세움.

➡ 방榜은 어떤 일을 널리 알리기 위해 사람들이 다니는 길거리나 많이 모이는 곳에 써 붙이는 글을 뜻해요.

천명 闡明

어떤 사실이나 생각, 입장 등을 분명히 드러내어 밝힘.

➡ 주로 정치적이거나 국제적인 입장을 밝힐 때 사용해요.

질타 叱咤

큰 소리로 꾸짖음.

➡ 질타격려叱咤激勵라는 말은 꾸짖기도 하고 격려하기도 하면서 분발하도록 한다는 뜻이에요. 우리가 흔히 쓰는 말로 당근과 채찍이 되겠네요.

설파 說破

듣는 사람이 이해하도록 어떤 내용이나 주장을 분명하게 밝혀 말함. 비슷한말 논파論破

➡ 설파에는 어떤 주제에 대해 다른 사람의 학설이나 이론을 뒤집어엎는다는 뜻도 있어요.

항변 抗辯

다른 사람의 주장에 맞서 옳고 그름을 따짐.

➡ 법률 용어로 민사소송법에서 상대편의 주장이나 신청을 제외시켜 빼놓기 위해, 대립하는 별개의 사항을 주장하는 일을 뜻하기도 해요.

어휘 확인!

① 서민 복지를 위한 입법 발의를 부결시킨 무책임한 국회의원들이 국민의 ☐☐를 받고 있다.

② 이 미술관은 복합문화공간을 ☐☐하며 지난달에 개관하였다.

③ 그녀는 풍부한 논리를 제시하며 설득력 있게 자신의 주장을 ☐☐했다.

④ 이 사건의 담당 검사는 객관적이고 엄정한 수사를 하겠다는 의지를 ☐☐하였다.

⑤ 지민이는 화분을 깨뜨리지 않았다고 ☐☐했으나 아무도 믿어 주지 않았다.

➤ 함께 알아두기 ◀

반문反問   물음에 대답하지 않고 되받아 물음.
▶ 어른이 묻는 말에 대답은 않고 오히려 **반문**하는 것은 예절에 어긋나므로 조심해.

훈계訓戒   타일러서 잘못이 없도록 주의를 줌. 또는 그런 말.
▶ 선생님은 학급 규칙을 잘 지키라고 **훈계**하셨어.

성토聲討   여러 사람이 모여 국가나 사회에 끼친 잘못을 소리 높여 따지고 나무람.
▶ 시민들은 정부가 잘못 추진하고 있는 정책에 대해 **성토**하는 집회에 참여하였다.

해명解明   이유나 내용 등을 풀어서 밝힘.
▶ 나에게 오늘 지각한 이유를 **해명**해 보렴.

규명하다 糾明--

어떤 사실을 자세히 따져서 밝히다.

➡ 발음이 비슷한 구명究明하다는 사물의 본질, 원인 등을 깊이 연구해 밝히는 것을 말해요. 또 구명救命하다는 사람의 목숨을 구하다라는 뜻이지요.

거론하다 擧論--

어떤 것을 논제로 삼아 제기하거나 논의하다.

➡ 논제論題는 논설이나 논문, 토론 등의 주제나 제목을 뜻하는 말이에요.

운운하다 云云--

이러쿵저러쿵 말하다.

➡ '양심을 운운하다', '우정을 운운하다'와 같이 써요.

피력하다 披瀝--

생각하는 것을 숨김없이 말하다.

➡ 감회, 소감, 의견, 입장 등 자신의 생각을 털어놓는 것을 피력한다고 말해요.

토로하다 吐露--

마음에 있는 것을 죄다 드러내어서 말하다.

➡ 피력하다가 생각을 숨김없이 드러내어서 말하는 것이라고 한다면 토로하다는 생각뿐만 아니라 감정, 기분 등을 숨김없이 드러내어서 말하는 것이라고 할 수 있어요.

☑ 어휘 확인!

① 합동 조사단을 결성하여 사건의 진상을 ☐☐하기로 했다.

② 어머니는 그의 가정 형편을 ☐☐하며 결혼을 반대했다.

③ 그들은 차를 마시며 서로에 대한 불만을 ☐☐했다.

④ 이미 결정된 일을 다시 ☐☐하는 것은 시간 낭비야.

⑤ 그녀는 수많은 사람들 앞에서 당당하게 자신의 의견을 ☐☐했다.

정답 : ① 규명 ② 거론 ③ 토로 ④ 거론 ⑤ 피력

➤ 함께 알아두기 ◀

실토하다
實吐--
솔직하게 털어놓다.
▶ 범인이 범죄 사실을 **실토할** 때까지 계속 추궁을 했다.

발설하다
發說--
입 밖으로 말을 내다.
▶ 그는 이번 일을 아무에게도 **발설하지** 말아 달라고 했다.

술회하다
述懷--
마음속에 품고 있는 여러 가지 생각을 말하다.

▶ 그는 그동안의 자신의 학문과 인생을 담담하게 **술회하는** 책을 펴냈다.

함구하다
緘口--
입을 다물고 말하지 않다.

▶ 나는 그 일에 대해 **함구하기**로 단단히 약속했다.

단언하다
斷言--
확실하다고 믿고 망설임 없이 자신 있게 말하다.
▶ 민주는 신중해서 확실하지 않으면 함부로 **단언하지** 않아.

대변 代辯

어떤 사람이나 단체를 대신하여 의견이나 태도를 발표함. 또는 그런 일.

❍ '청와대 대변인'과 같이 대변인代辯人은 어떤 사람이나 단체를 대신해 의견과 입장을 말하는 사람이에요.

권고 勸告

어떤 일을 하도록 권함. 또는 그런 말.

❍ 국가 기관에서 기업이나 단체 등에 하는 권고는 법적인 강제성이 없는 경우가 많아요.

조언 助言

도움이 되도록 말로 거들거나 깨우쳐 줌.
비슷한말 도움말

❍ 조언하는 사람은 조언을 듣는 사람의 입장을 충분히 헤아려야 해요. 어설픈 충고는 오히려 상황을 더 나쁘게 만들 수도 있답니다.

응수 應酬

상대방이 한 말이나 행동을 받아서 마주 응함.

❍ 응수하다는 상대에 맞게 적절히 행동하는 것이고, 이와 달리 맞받아치다와 되받아치다는 남의 말이나 행동에 맞서며 대들다라는 뜻이 있어요.

고지 告知

게시나 글을 통하여 사실을 알림.

❍ 고지서告知書는 국가나 공공 기관에서 납입해야 하는 금액에 대한 정보를 알려주는 문서를 말해요.

어휘 확인!

① 의사는 준호에게 인스턴트 음식을 먹지 말라고 □□했다.

② 국어 선생님께서는 논리적 사고력을 기르기 위해서는 책을 많이 읽어야 한다고 □□하셨다.

③ 정치인은 국민의 의사를 □□할 줄 알아야 한다.

④ 2학기 학생 회장 선거 일정을 게시판에 □□하였다.

⑤ 그는 잘못된 일을 바로잡기 위해서 피하지 않고 적극적으로 □□했다.

정답 : ① 당부 ② 강조 ③ 경청 ④ 게시 ⑤ 대응

➤ 함께 알아두기 ◄

호명呼名　　이름을 부름.
　　　　　　▶ 선생님이 **호명**하는 순서대로 앞으로 나와서 성적표를 받아 가렴.

경청傾聽　　귀를 기울여 들음.
　　　　　　▶ 오랜 시간동안 강의를 **경청**해 주셔서 감사합니다.

간청懇請　　간절히 부탁함. 또는 그런 부탁.
　　　　　　▶ 과제를 도와 달라는 친구의 **간청**을 거절할 수 없었어.

유창하다　말을 하거나 글을 읽는 것이 물 흐르듯이 거침이 없다.
流暢--　　　▶ 그의 **유창한** 아랍어 솜씨에 모두가 놀랐다.

어눌하다　말을 잘하지 못하고 떠듬떠듬하는 면이 있다.
語訥--　　　▶ 그는 말투가 **어눌해서** 어떤 말을 해도 사람들이 신뢰하지 않는다.

1. 다음 뜻에 해당하는 말을 고르세요.

(1) 어떤 이유를 붙여 자기의 주의나 주장, 처지 등을 앞에 내세움
① 표방　② 항변　③ 훈계　④ 거론하다　⑤ 술회하다

(2) 듣는 사람이 이해하도록 어떤 내용이나 주장을 분명하게 밝혀 말함
① 질타　② 설파　③ 응수　④ 고지　⑤ 피력하다

(3) 마음 등을 풀어 누그러지게 하다
① 되뇌다　② 눙치다　③ 단언하다　④ 이죽거리다　⑤ 왈가왈부하다

2. 다음 중 성격이 다른 말을 고르세요.

① 성토　② 실토하다　③ 발설하다　④ 함구하다　⑤ 토로하다

3. 다음 그림이 뜻하는 말을 쓰세요.

4. 말과 뜻이 <u>잘못</u> 연결된 것을 고르세요.

① 권고　　　　　　　　　　말이나 행동으로 남을 위협하는 짓
② 반문　　　　　　　　　　어떤 사실을 자세히 밝혀서 따지다
③ 으름장　　　　　　　　　말을 잘하지 못하고 떠듬떠듬하는 면이 있다
④ 유창하다　　　　　　　　물음에 대답하지 않고 되받아 물음
⑤ 규명하다　　　　　　　　어떤 일을 하도록 권함

5. 〈보기〉의 밑줄 친 말을 문맥에 맞게 고쳐 쓰세요.

───────────── 〈보기〉 ─────────────

(1) 사람들은 이번 화재 사고에 대한 관계자의 <u>천명</u>을 요구했다.

(2) <u>운운하는</u> 말투로 말할 때마다 스트레스를 받아서 더 이상은 못 참겠다고.

(3) 내가 <u>간청</u>하는데 저 가수는 앞으로 10년 이상은 인기가 계속될 거야.

6. 〈보기〉에서 이것이 가리키는 말을 쓰세요.

───────────── 〈보기〉 ─────────────

(1) <u>이것은</u> 널빤지를 대충 맞추어서 문짝을 짤 때 그 문짝이 일그러지지 않도록 대각선으로 붙이는 기다란 나무판이에요. 이것을 대각선으로 붙이는 모양에 빗대, 어떤 일을 어긋나게 한다는 뜻으로 이 말을 사용해요. 순순히 따르지 않고 반항하는 말이나 행동을 가리키는 이것은 무엇일까요?

(2) <u>이것은</u> 두 사람이나 나라 등의 중간에서 서로를 헐뜯어 멀어지게 하는 것을 말해요. 한자어로는 두 개의 혀, 즉 양설兩舌이라는 말로 쓴답니다. 이것을 잘하는 사람은 자신을 대단하다고 생각하든 못났다고 생각하든 아직 성숙하지 못한 사람이에요. 상대방 역시 이런 행동을 하는 사람에게 넘어가지 않도록 주의해야 해요.

더 알아두기 +++ 글과 관련된 관용어, 속담

관용어

글이 짧다 ▷ 글을 모르거나 아는 것이 넉넉하지 못하다.

글귀가 밝다 ▷ 글을 배울 때 이해가 빠르다.

글귀가 어둡다 ▷ 글을 배울 때 이해가 더디다.

글귀가 트이다 ▷ 글을 배울 때 제대로 이해하게 되다.

글자 그대로 ▷ 과장하거나 거짓 없이

서두를 놓다 ▷ 본론으로 들어가기 전에 어떤 말이나 글을 시작하다.

문맥이 닿다 ▷ 문장의 앞뒤 관계가 잘 이해되다.

펜대를 놀(굴)리다 ▷ 글을 작성하는 일에 종사하다.

붓을 들다 ▷ 글을 쓰기 시작하다.

붓을 꺾다 ▷ 글을 짓거나 글씨를 쓰는 일을 그만두다.

붓이 나가다 ▷ 글을 쓰는 것이 순조롭게 되어 가다.

문필이 있다 ▷ 글을 짓거나 글을 쓰는 재간이 있다.

괴발개발 그리다 ▷ 글씨를 함부로 갈겨 쓰다.

먹을 가까이 하면 검어진다 ▷ 악한 사람과 사귀면 그를 닮아 악하게 된다.

먹물을 먹다 ▷ 책을 읽어 글공부를 하다.

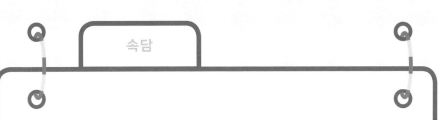

글 모르는 귀신 없다 ▷ 귀신도 알고 있는 글을 사람이라면 마땅히 배워서 자신의 앞길을 닦아야 한다.

글은 제 이름 석 자나 알면 족하다 ▷ 성과 이름이나 쓸 줄 알면 족하다는 뜻으로, 글공부를 많이 할 필요가 없다.

글 못한 놈 붓 고른다 ▷ 제 솜씨가 부족한 것은 생각지 않고 다른 핑계로 변명한다.

글 잘 쓰는 사람은 필묵을 탓하지 않는다 ▷ 능력이 있는 사람이나 능숙한 사람은 일을 하는 데 있어서 도구가 좋지 아니하더라도 잘한다.

글 속에도 글 있고 말 속에도 말 있다 ▷ 글이라고 하여 다 글이 아니며 말이라고 하여 다 말이 아니라는 뜻으로, 쓸 만한 글과 말은 따로 있다.

글 잘하는 자식 낳지 말고 말 잘하는 자식 낳으랬다 ▷ 학문에 능한 사람보다는 언변 좋은 사람이 처세에 유리하다.

흰 것은 종이요 검은 것은 글씨라 ▷ 무식하여 글을 알아보지 못함을 놀리는 말.

서당 개 삼 년에 풍월을 한다 ▷ 어떤 분야에 지식과 경험이 전혀 없는 사람이라도 그 분야에 오래 있으면 얼마간의 지식과 경험을 갖게 된다.

들은 풍월 얻은 문자 ▷ 정식으로 배워서 얻은 지식이 아니라 귓결에 듣고서 문자 쓰는 사람을 비웃는 말.

총명이 둔필만 못하다 ▷ 아무리 기억력이 좋더라도 못난 글씨일망정 그때그때 적어 두는 것만 못하다는 뜻으로, 무엇이나 틀림없이 하려면 적어 두는 것이 중요하다.

낫 놓고 기역 자도 모른다 ▷ 기역 자 모양의 낫을 앞에 두고도 기역 자를 모를 만큼 매우 무식하다.

하늘 천 하면 검을 현 한다 ▷ 하나를 가르치면 둘, 셋을 앞질러 가며 깨닫는다.

공자 앞에서 문자 쓴다 ▷ 지식이 부족한 사람이 가소롭게도 자기보다 유식한 사람 앞에서 아는 체함을 이르는 말.

관용어

말만 앞세우다 ▷ 말만 하고 실천은 하지 않다.

말을 돌리다 ▷ 다른 이야기로 화제를 바꾸다. 간접적으로 이야기하다.

말도 못하다 ▷ 상황이나 상태가 매우 심하여 말로는 차마 설명할 수 없다.

말을 듣다 ▷ 시키는 대로 하다. 사람의 뜻대로 움직이다. 좋지 않은 이야기를 듣다.

말을 맞추다 ▷ 제삼자에게 같은 말을 하기 위해 다른 사람과 말의 내용이 다르지 않게 하다.

말을 비치다 ▷ 자신의 뜻을 알아차릴 수 있도록 간접적으로 말하다.

말을 삼키다 ▷ 하려고 한 말을 그만두다.

말이 앞서다 ▷ 행동보다는 말을 먼저 하다.

긴말할 것 없다 ▷ 이러쿵저러쿵 길게 여러 말을 늘어놓을 필요가 없다.

지나는 말로 ▷ 무심히 다른 말을 하는 결에.

판에 박은 말 ▷ 새로운 정보가 없고 한결같은 말.

할 말을 잊다 ▷ 놀랍거나 어처구니없는 일을 당하여 기가 막히다.

천만의 말씀 ▷ 남의 칭찬이나 사례에 대하여 사양할 때 이르는 말. 남의 주장에 대하여 부정할 때 하는 말.

속에 없는 말 ▷ 속마음과 다르게 하는 말.

달다 쓰다 말이 없다 ▷ 아무런 반응도 나타내지 않는다.

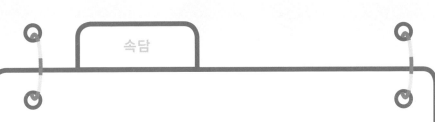

말 속에 뜻이 있고 뼈가 있다 ▷ 말 속에 상대를 비판하거나 공격하는 의미가 담겨져 있다.

가루는 칠수록 고와지고 말은 할수록 거칠어진다 ▷ 가루는 체에 칠수록 고와지지만 말은 많을수록 시비가 붙어서 마침내는 말다툼이 벌어지니 말을 삼가야 한다.

말은 해야 맛이고 고기는 씹어야 맛이다 ▷ 고기의 참맛을 알려면 자꾸 씹어야 하듯이, 할 말은 하는 것이 좋다.

군말이 많으면 쓸 말이 적다 ▷ 하지 않아도 될 말을 이것저것 많이 늘어놓으면 그만큼 쓸 말은 적어진다는 뜻으로, 말을 삼가야 한다.

남의 말이라면 쌍지팡이 짚고 나선다 ▷ 남의 허물에 대하여 시비하기를 좋아하는 사람을 비유적으로 이르는 말.

말 많은 집은 장맛도 쓰다 ▷ 집안에 잔말이 많으면 살림이 잘 안된다. 입으로는 그럴듯하게 말하지만 실상은 좋지 못하다.

말 안 하면 귀신도 모른다 ▷ 마음속으로만 고민하지 말고 솔직하게 말을 해야 한다.

말한 입에 침도 마르기 전 ▷ 무슨 말을 하고 나서 금방 제가 한 말을 뒤집어 그와 달리 행동하는 것을 비유적으로 이르는 말.

부모 말을 들으면 자다가도 떡이 생긴다 ▷ 부모님의 말을 잘 들으면 좋은 일이 생긴다.

세 살 먹은 아이 말도 귀담아들으랬다 ▷ 어린아이의 말이라도 일리가 있을 수 있으므로 귀담아들어야 한다. 즉, 남이 하는 말을 신중하게 잘 들어야 한다.

솔잎이 버썩하니 가랑잎이 할 말이 없다 ▷ 자기보다 정도가 덜한 사람이 먼저 야단스럽게 떠들어 대니 정작 큰 걱정거리가 있는 사람은 너무나 어이가 없어 할 말이 없게 된다.

말은 청산유수다 ▷ 말을 그칠 줄 모르고 잘한다.

웃느라 한 말에 초상난다 ▷ 농담으로 한 말이 듣는 사람에게 치명적인 영향을 주어 마침내는 죽게 한다는 뜻으로, 말을 매우 조심스럽게 해야 한다.

사자성어

+++ **성격과 태도**

외유내강 外柔內剛

外 밖 외　柔 부드러울 유
內 안 내　剛 굳셀 강

겉은 순하고 부드러워 보이지만 속은 곧고 굳셈.
▶ 평소엔 부드럽지만 필요할 땐 할 말을 해야 외유내강인 사람이지.

수수방관 袖手傍觀

袖 소매 수　手 손 수
傍 곁 방　觀 볼 관

어떤 일에 관여하거나 거들지 않고 그대로 내버려 둠.
▶ 학교에서 일어나는 왕따 문제를 수수방관하면 더 큰 문제가 생기고 말 거야.

아전인수 我田引水

我 나 아　田 밭 전
引 끌 인　水 물 수

자기 논에 물 대기라는 뜻으로, 어떤 일이나 말을 두고 자기에게만 이롭게 되도록 생각하거나 행동함.
▶ 책에서 유리한 부분만 가져다가 아전인수 격으로 해석하면 제대로 연구할 수 없어.

무사안일 無事安逸

無 없을 무　事 일 사
安 편안할 안　逸 잃을 일

어떤 일이나 문제를 맞닥뜨려 해결하려 하지 않고, 피하면서 당장에 큰 문제 없이 편하게 지내려고 함.
▶ 일처리를 무사안일하게 하면 도움이 필요한 사람을 외면하게 돼.

초지일관 初志一貫

初 처음 초　志 뜻 지
一 하나 일　貫 꿸 관

처음에 세운 뜻을 계속 밀고 나감.
▶ 사람이 뜻을 세웠으면 시련이 와도 초지일관하도록 노력해야지.

용두사미 龍頭蛇尾

龍 용 룡(용)　頭 머리 두
蛇 뱀 사　尾 꼬리 미

시작할 때는 거창하고 대단해 보이지만 끝으로 갈수록 점점 기세가 줄어드는 일이나 상황.
▶ 용두사미라더니 근사하게 시작해서 초라하게 끝나 버렸어.

우유부단 優柔不斷

優 넉넉할 우　柔 부드러울 유
不 아닐 부　斷 끊을 단

망설이기만 하고 결정을 짓지 못함.
▶ 우유부단하게 이랬다저랬다 하지 말고 네 주관을 좀 가져.

사자성어

+++ **감정과 기분**

애지중지 愛之重之
愛 사랑 애　之 갈 지
重 무거울 중　之 갈 지

매우 사랑하고 소중히 여기는 모양.
▶ 아무리 못난 놈도 그 부모에겐 애지중지 기른 자식임을 잊지 마.

노심초사 勞心焦思
勞 일할 노(로)　心 마음 심
焦 탈 초　思 생각 사

몹시 마음을 쓰며 걱정하고 애를 태움.
▶ 조금 늦은 것뿐인데 아빠가 노심초사하며 기다리고 계셨더라고. 얼마나 죄송했는지 몰라.

전전긍긍 戰戰兢兢
戰 싸울 전　戰 싸울 전
兢 조심할 긍　兢 조심할 긍

몹시 무서워하여 벌벌 떨며 조심함.
▶ 전전긍긍하지 말고 무슨 고민이 있는지 속 시원히 말을 해 봐.

희희낙락 喜喜樂樂
喜 기쁠 희　喜 기쁠 희
樂 즐길 락(낙)　樂 즐길 락(낙)

매우 기뻐하고 즐거워함.
▶ 네가 시큰둥한 표정을 짓고 있는데, 내가 희희낙락하고 싶겠니?

감개무량 感慨無量
感 느낄 감　慨 슬퍼할 개
無 없을 무　量 헤아릴 량(양)

지난 일이 생각나서 마음속에서 느끼는 감동이 매우 크다.
▶ 잠깐 다니다 전학 간 저를 선생님께서 기억해 주시다니 정말 감개무량합니다.

다정다감 多情多感
多 많을 다　情 뜻 정
多 많을 다　感 느낄 감

정이 많고 감정이 풍부함.
▶ 다정다감한 사람은 그의 곁에 있는 사람도 행복하게 만든단다.

혼비백산 魂飛魄散
魂 넋 혼　飛 날 비
魄 넋 백　散 흩을 산

혼백이 이곳저곳으로 흩어진다는 뜻으로, 매우 놀라서 정신을 잃음.
▶ 비 오는 밤에 바위 뒤에 몰래 숨어 있다가 갑자기 나타났더니 친구들이 혼비백산해서 달아나더라.

사자성어

풍전등화 風前燈火
風 바람 풍　前 앞 전
燈 등잔 등　火 불 화

바람 앞의 등불이라는 뜻으로, 사물이 매우 위험한 처지에 놓여 있음을 이르는 말.
▶ 풍전등화의 위기에 처한 나라를 두고, 해외로 도망갈 채비나 하다니.

설상가상 雪上加霜
雪 눈 설　上 위 상
加 더할 가　霜 서리 상

곤란하거나 불행한 일이 잇따라 일어남.
▶ 지진으로 집이 무너져 걱정인데, 설상가상으로 곧이어 장마가 온대.

사면초가 四面楚歌
四 넉 사　面 낯 면
楚 가시나무 초　歌 노래 가

아무에게도 도움을 받지 못하는 어려운 상황이나 형편.
▶ 적군이 우리 기지를 에워싸는 바람에 아군은 사면초가의 상황에 빠졌다.

일촉즉발 一觸卽發
一 한 일　觸 닿을 촉
卽 곧 즉　發 필 발

한 번 건드리기만 해도 즉시 폭발할 것처럼 몹시 위급한 상황.
▶ 두 나라 사이에는 지금 언제 전쟁이 터질지 모르는 일촉즉발의 긴장감이 감돌고 있어.

상전벽해 桑田碧海
桑 뽕나무 상　田 밭 전
碧 푸를 벽　海 바다 해

뽕나무밭이 변하여 푸른 바다가 된다는 뜻으로, 세상일의 변천이 심함을 비유적으로 이르는 말.
▶ 허름했던 동네가 이렇게 산뜻해지다니 상전벽해가 따로 없지, 뭐.

파죽지세 破竹之勢
破 깨뜨릴 파　竹 대 죽
之 갈 지　勢 형세 세

막을 수 없을 만큼 거침없이 나아가는 기세.
▶ 우리 축구 대표팀은 연달아 우승 후보들을 이기며 파죽지세로 결승전에 진출했다.

풍비박산 風飛雹散
風 바람 풍　飛 날 비
雹 우박 박　散 흩을 산

여러 곳으로 날아 흩어짐.
▶ 아빠의 사업 실패로 집안이 풍비박산 되어 힘들지만, 희망을 가지고 열심히 살아야지.

사자성어

+++ **뜻과 생각**

시시비비 是是非非	잘한 것과 잘못한 것. 옳은 것과 잘못된 것을 따지며 다툼.
是 옳을 시　是 옳을 시 非 아닐 비　非 아닐 비	▶ 얼렁뚱땅 넘어갈 일이 아니니까 시시비비를 가리자.

인지상정 人之常情	사람이라면 누구나 갖고 있는 생각이나 감정.
人 사람 인　之 갈 지 常 떳떳할 상　情 뜻 정	▶ 어려운 상황에 처한 사람을 보면 도와주고 싶은 마음이 드는 건 인지상정이야.

역지사지 易地思之	서로의 입장을 바꿔서 생각해 봄.
易 바꿀 역　地 땅 지 思 생각 사　之 갈 지	▶ 객관적인 판단을 하려면 역지사지의 자세가 꼭 필요해.

자업자득 自業自得	자기가 한 일의 결과를 자기가 받음.
自 스스로 자　業 업 업 自 스스로 자　得 얻을 득	▶ 악행을 일삼다 벌을 받는 거니까 다 자업자득이고 인과응보인 셈이지.

사필귀정 事必歸正	모든 일은 반드시 올바른 길로 돌아감.
事 일 사　必 반드시 필 歸 돌아올 귀　正 바를 정	▶ 사필귀정이라 했으니 저 흉악한 놈은 언젠가 천벌을 받을 거야.

개과천선 改過遷善	지난날의 잘못이나 못된 마음을 고쳐 올바르고 착하게 됨.
改 고칠 개　過 지날 과 遷 옮길 천　善 착할 선	▶ 젊은 날에 한 실수는 잊고 이제 개과천선을 해라.

일편단심 一片丹心	변하지 않는 진실하고 굳은 마음.
一 하나 일　片 조각 편 丹 붉을 단　心 마음 심	▶ 그 녀석은 고지식해서 일편단심으로 그녀만 사랑한대.

사자성어

이실직고 以實直告

以 써 이 實 열매 실
直 곧을 직 告 아뢸 고

숨기거나 거짓말을 하지 않고 사실 그대로 말함.
▶ 세월이 한참 지났으니 이제 네 잘못을 이실직고해라.

동문서답 東問西答

東 동녘 동 問 물을 문
西 서녘 서 答 대답할 답

묻는 말과 전혀 상관이 없는 대답.
▶ 선생님의 질문을 이해하지 못하고 자꾸 동문서답을 하면 어떡해?

청산유수 靑山流水

靑 푸를 청 山 뫼 산
流 흐를 유(류) 水 물 수

푸른 산에 흐르는 맑은 물이라는 뜻으로, 막힘없이 잘하는 말을 비유적으로 이르는 말.
▶ 말솜씨는 청산유수인데, 네 말대로 된 게 뭐가 있니?

마이동풍 馬耳東風

馬 말 마 耳 귀 이
東 동녘 동 風 바람 풍

다른 사람의 의견이나 충고를 제대로 듣지 않고 넘겨 버리는 것.
▶ 내가 진지하게 충고를 하는데도 너는 마이동풍으로 흘려 듣는구나.

촌철살인 寸鐵殺人

寸 마디 촌 鐵 쇠 철
殺 죽일 살 人 사람 인

간단한 말로도 남을 감동하게 하거나 남의 약점을 찌를 수 있음을 이르는 말.
▶ 속담에는 삶을 살아가는 데 필요한 촌철살인의 지혜가 담겨 있어.

자가당착 自家撞着

自 스스로 자 家 집 가
撞 칠 당 着 붙을 착

사람의 말이나 행동이 앞뒤가 서로 맞지 않음.
▶ 그 시간에 여기도 있었고 저기도 있었다니 자가당착을 피할 수 없지.

언중유골 言中有骨

言 말씀 언 中 가운데 중
有 있을 유 骨 뼈 골

말 속에 뼈가 있다는 뜻으로, 평범한 말 속에 속뜻이 있다는 말.
▶ 그의 농담 한마디에도 언중유골이 느껴지니까 마음이 불편했어.

어불성설 語不成說

語 말씀 어   不 아닐 불
成 이룰 성   說 말씀 설

말이 이치에 맞지 않는다는 말.
▶ 잘못한 놈이 처벌을 하겠다니 완전히 어불성설이잖아.

거두절미 去頭截尾

去 없앨 거   頭 머리 두
截 자를 절   尾 꼬리 미

앞과 뒤의 군더더기를 빼고 어떤 일의 중심만 간단히 말함.
▶ 발표 시간이 부족하니까 거두절미하고 간단히 말하렴.

호언장담 豪言壯談

豪 호걸 호   言 말씀 언
壯 씩씩할 장   談 말씀 담

어떤 목적을 이루겠다고 씩씩하고 자신 있게 하는 말.
▶ 책임도 못 질 사람이 뭘 믿고 호언장담을 하는지…….

감언이설 甘言利說

甘 달 감   言 말씀 언
利 이로울 이(리)   說 말씀 설

남을 속이기 위하여, 남의 비위를 맞추거나 상황이 이로운 것처럼 꾸민 말.
▶ 온갖 감언이설로 유혹해도 그의 속임수에 넘어가지 마.

미사여구 美辭麗句

美 아름다울 미   辭 말씀 사
麗 고울 여(려)   句 구절 구

내용은 별로 없이 아름다운 말로 그럴듯하게 꾸민 글귀.
▶ 미사여구로 아부하지 말고 담백하게 진심을 전하면 돼.

자승자박 自繩自縛

自 스스로 자   繩 줄 승
自 스스로 자   縛 묶을 박

자기가 한 말과 행동 때문에 자신이 곤란하게 되거나 괴로움을 당하게 됨을 비유적으로 이르는 말.
▶ 자승자박이지 뭐. 걔가 장담했으니까 걔가 책임져야지.

표리부동 表裏不同

表 겉 표   裏 속 리
不 아닐 부   同 같을 동

겉으로 드러나는 언행과 속으로 가지는 생각이 다름.
▶ 표리부동한 인간도 있으니까 사람을 말과 행동만으로 판단하면 안 돼.

언행일치 言行一致

言 말씀 언   行 갈 행
一 하나 일   致 이룰 치

말과 행동이 같음. 또는 말한 대로 실행함.
▶ 그 사람처럼 언행일치가 안 되는 사람한테 뭘 믿고 돈을 빌려주겠니?

ㄱ

가늠
가름
가식假飾
가장假裝
가증스럽다可憎---
가타부타可-否-
가화만사성家和萬事成
각성覺醒
각성제覺醒劑
간과看過
간단명료하다簡單明瞭--
간담懇談
간담회懇談會
간명하다簡明--
간파看破
간행刊行
갈구渴求
갈망渴望
감별鑑別
감정가鑑定價
감정가鑑定家
감정鑑定
강건하다強健--
강경하다強硬--
강고하다強固--
강단剛斷
강박強迫
강박관념強迫觀念
강직하다剛直--
강퍅하다剛愎--
개성적個性的

개요概要
거론하다擧論--
거하다
건하다
걸걸하다傑傑--
걸다
격분激忿
격앙激昂
격언格言
격정적激情的
견고하다堅固--
결부結付
결여缺如
겸손하다謙遜--
경각심警覺心
경건하다敬虔--
경미하다輕微--
경박하다輕薄--
경솔하다輕率--
경악驚愕
경애敬愛
경외敬畏
경이驚異
경이감驚異感
경이롭다驚異--
경청傾聽
경황景況
고견高見
고결하다高潔--
고뇌苦惱
고답高踏
고루하다固陋--
고매하다高邁--

고비
고상하다高尙--
고색창연하다古色蒼然--
고양高揚
고즈넉하다
고지告知
고지서告知書
고지식하다
곤욕困辱
곤혹스럽다困惑---
곰살갑다
곰살궂다
공경하다恭敬--
공고하다鞏固--
공문公文
공손하다恭遜--
공치사功致辭
공판조서公判調書
공허감空虛感
공허하다空虛--
과대망상誇大妄想
과묵하다寡默--
관대하다寬大--
관용寬容
광막하다廣漠--
괴이하다怪異--
교만하다驕慢--
교활하다狡猾--
구명하다救命--
구명하다究明--
군말
군소리
궁색하다窮塞--

권고勸告
규명하다糾明--
균일가均一價
균일하다均----
극성맞다極盛--
극악하다極惡--
근엄하다謹嚴--
금서禁書
긍휼矜恤
기개氣槪
기고寄稿
기도祈禱
기상氣像
기술記述
기원祈願
기원紀元
기원起源
기인起因
기호嗜好
기호품嗜好品
까다롭다
까막눈이
까탈
깜냥
깜냥깜냥
꼿꼿하다

낙관적樂觀的
낙담落膽
낙천적樂天的

난관難關
난잡하다亂雜--
납득納得
낭설浪說
냉담하다冷淡--
냉랭하다冷冷--
냉소冷笑
냉정하다冷情--
냉혹하다冷酷--
너그럽다
너스레
넋두리
노련미老鍊味
노련하다老鍊--
노숙하다老熟--
녹록하다碌碌--
논제論題
논파論破
논평論評
농후하다濃厚--
눈뜬장님
눙치다
능수능란하다能手能爛--
능통하다能通--

다부지다
다혈질多血質
단상壇上
단상斷想
단언하다斷言--

단출하다
달관達觀
담소談笑
담화談話
답신答信
당연하다當然--
대담對談
대변代辯
대변인代辯人
대수롭다
대중
대차다
대필代筆
대화對話
덕담德談
데면데면하다
도량度量
도움말
독선적獨善的
동경憧憬
되뇌다
되받아치다
두말
둔각삼각형鈍角三角形
둔감鈍感
둔감하다鈍感--
둔화鈍化
뚝심

막대하다莫大--

만감萬感
만끽滿喫
만물萬物
말본새-本-
말솜씨
말재주
말주변
망상妄想
맞받아치다
매섭다
맹랑하다孟浪--
맹목적盲目的
멋쩍다
명랑하다明朗--
명료하다明瞭--
명문名文
명문名門
명세서明細書
명필名筆
모략謀略
모멸侮蔑
모색摸索
모질다
몰염치하다沒廉恥--
몽상夢想
묘안妙案
묘연하다杳然--
무료하다無聊--
무수하다無數--
무정하다無情--
묵상默想
문맹文盲
문필文筆

문필가文筆家
문헌文獻
문호文豪
뭉뚱그리다
미담美談
미비未備
미소微笑
미온적微溫的
미천하다微賤--
미흡하다未洽--
밀담密談

바라다
바람
박장대소拍掌大笑
박정하다薄情--
반감半減
반감反感
반문反問
반석盤石
반신返信
발간發刊
발설하다發說--
방정맞다
방정하다方正--
번뇌煩惱
번성하다蕃盛--
번영기繁榮期
보수적保守的

보수주의保守主義
보증서保證書
복안腹案
볼멘소리
부신符信
부조리不條理
부질없다
부합符合
분노憤怒
분별分別
분별력分別力
불균일하다不均---
불미스럽다不美---
불손하다不遜--
불순하다不純--
불안감不安感
비관적悲觀的
비근하다卑近--
비루
비루하다鄙陋--
비리非理
비아냥거리다
비애悲哀
비약飛躍
비일비재하다非一非再--
비평批評
비화祕話
빈정대다
뻔하다

사고思考
사교적社交的
사념邪念
사도邪道
사무치다
사악하다邪惡--
사유思惟
사이비似而非
사행邪行
살갑다
삼엄하다森嚴--
삼촌설三寸舌
상기上氣
상기想起
상념想念
상서롭다祥瑞--
상이하다相異--
새초롬하다
생소하다生疏--
서간書簡
서식書式
서신書信
선망羨望
선천적先天的
설다
설파說破
성대하다盛大--
성마르다性---
성미性味
성토聲討
성황리盛況裡

소갈머리
소견머리
소견所見
소망所望
소원所願
속단速斷
속대중
속설俗說
속어림
속요량
속짐작
쇠약하다衰弱--
쇠잔하다衰殘--
수긍首肯
수기修己
수기手技
수기手旗
수기手記
수더분하다
수작酬酌
숙고熟考
숙연하다肅然--
숙지熟知
순조롭다順調
술회하다述懷--
스산하다
시말서始末書
식견識見
식별識別
신
신망信望
신명
신소리

신중하다愼重--
실언失言
실토하다實吐--
심경心境
심금心琴
심드렁하다
심려心慮
심오하다深娛--
심정心情
싹싹하다
쏘삭거리다
쓸쓸하다

아랑곳
아량雅量
아부阿附
아우르다
아첨阿諂
악담惡談
안도감安堵感
안심감安心感
안온하다安穩--
안이하다安易--
안일하다安逸--
암중모색暗中摸索
암팡지다
애
애증愛憎
애착愛着
애통하다哀痛--

애틋하다
애환哀歡
야멸차다
야멸치다
야무지다
야심野心
어깃장
어눌하다語訥--
억척스럽다
언변言辯
언사言辭
언질言質
엄밀하다嚴密--
엄정하다嚴正--
여념餘念
여망餘望
역경逆境
역설力說
역설逆說
연모戀慕
연심戀心
연약하다軟弱--
연정戀情
열등감劣等感
열악하다劣惡--
염세적厭世的
염원念願
염치廉恥
영감靈感
영감令監
영민하다英敏--
영악하다獰惡--
영특하다英特--

예스럽다
예지叡智
오만불손午慢不遜
오만하다午慢--
오묘하다奧妙--
오붓하다
오판誤判
온화하다溫和--
옹골차다
옹색하다壅塞--
옹졸하다壅拙--
왁살스럽다
완강하다頑強--
완고하다完固--
완고하다頑固--
왈가왈부하다曰可曰否--
왜곡歪曲
요량料量
요지要旨
욕정欲情
용렬하다庸劣--
용의用意
용의자容疑者
용의주도하다用意周到--
우둔하다愚鈍--
우람하다
우람하다愚濫--
우수優秀
우수憂愁
우수雨水
우악살스럽다
우악스럽다愚惡---
우연하다偶然--

우월감優越感
우직하다愚直--
운운하다云云--
울화鬱火
울화병鬱火病
울화통鬱火-
웅대하다雄大--
웅변雄辯
웅비雄飛
원만하다圓滿--
원망怨望
원망願望
위압威壓
위화감違和感
유념留念
유약하다幼弱--
유약하다柔弱--
유정하다有情--
유창하다流暢--
유추類推
육필肉筆
으르다
으름장
을씨년스럽다
음울하다陰鬱--
음침하다陰沈--
응수應酬
의거依據
의거義擧
의구감疑懼感
의구심疑懼心
의기소침하다意氣銷沈--
의기양양하다意氣揚揚--

의기意氣
의뭉스럽다
이간질離間-
이견異見
이기죽거리다
이죽거리다
이죽대다
이타적利他的
이해利害
인과응보因果應報
인지도認知度
인지認知
일가견一家見

자각自覺
자괴감自愧感
자긍심自矜心
자만심自慢心
자명하다自明--
자문諮問
자부심自負心
자의恣意
자의自意
자조慈鳥
자조自助
자조自嘲
자조自照
자필自筆
잔망스럽다孱妄---
잠꼬대

잠잠潛潛하다
장대하다壯大--
장문長文
장본藏本
장서藏書
장서인藏書印
장엄하다莊嚴--
재고再考
재량裁量
재판再版
저력底力
저속하다低俗--
저술著述
저의底意
저작著作
적개심敵愾心
적대감敵對感
적막강산寂寞江山
적막하다寂寞--
전문全文
전언傳言
전언판傳言板
전투력戰鬪力
전향偏向
전형적典型的
절개節槪
절판絶版
절필絶筆
접목椄木
정립定立
정밀하다精密--
정연하다井然--
정연하다整然--

조리條理
조서調書
조악하다粗惡--
조언助言
주마간산走馬看山
주변머리
준수하다俊秀--
중후하다重厚--
증서證書
지략智略
지망지망하다
진보적進步的
진수眞髓
질타叱咤
질타격려
집대성集大成
집필執筆
짜하다

착상着想
참담하다慘憺--
참신하다斬新--
참작參酌
처연하다悽然--
천명闡明
천착穿鑿
첨삭添削
청량음료淸凉飮料
청량하다淸亮--
청량하다淸凉--

초연하다超然--
초월超越
초탈超脫
초판初版
총괄總括
총망라總網羅
추레하다
추문醜聞
추산推
추악하다醜惡--
추악하다麤惡--
추정推定
출간出刊
출판出版
측은지심惻隱之心
측은하다惻隱--
치부置簿
치부致富
치부책置簿册
치졸하다稚拙--
친필親筆
침통하다沈痛--

ㅋ

쾌재快哉
쾌조快調

ㅌ

타의他意

탈고脫稿
탐욕貪慾
토로하다吐露--
통감痛感
통념通念
통달하다通達--
통설通說
통찰洞察
통찰력洞察力
통탄痛嘆
투고投稿
투서投書
투지鬪志
투지력鬪志力
특이하다特異--

ㅍ

파격破格
파다하다播多--
판별判別
판이하다判異--
패기覇氣
편협하다偏狹--
평이하다平易--
포악하다暴惡--
포용包容
폭언暴言
폭풍暴風
폭행暴行
표독하다慓毒--
표방標榜

푸짐하다
풍문風聞
풍파風波
피력하다披瀝--
피폐하다疲弊--
필匹
필疋
필력筆力
필명筆名
필사必死
필사筆寫
필체筆體

ㅎ

함구하다緘口--
항변抗辯
해명解明
향수鄕愁
허무맹랑하다虛無孟浪--
허언虛言
허위虛僞
험악하다險惡--
헛소리
협소하다狹小--
호기豪氣
호기롭다豪氣--
호명呼名
호의好意
호전적好戰的
호젓하다
호조好調

호탕하다豪宕--

혼탁하다混濁--

화두話頭

확고하다確固--

환심歡心

환영歡迎

환호歡呼

환희歡喜

황량하다荒凉--

황망하다慌忙--

황폐荒廢

회신回信

회심會心

회포懷抱

회한悔恨

회환回還

후미지다

후천적後天的

훈계訓戒

훈수訓手

흉금胸琴

흉악하다凶惡--

흉흉하다洶洶--

흑심黑心

흔쾌하다欣快--

흠모欽慕

흡족하다洽足--

흥興

흥건하다

희구希求

희박하다稀薄--

희비喜悲

희열喜悅

사 자 성 어

감개무량 感慨無量

감언이설 甘言利說

개과천선 改過遷善

거두절미 去頭截尾

노심초사 勞心焦思

다정다감 多情多感

동문서답 東問西答

마이동풍 馬耳東風

무사안일 無事安逸

미사여구 美辭麗句

사면초가 四面楚歌

사필귀정 事必歸正

상전벽해 桑田碧海

설상가상 雪上加霜

수수방관 袖手傍觀

시시비비 是是非非

아전인수 我田引水

애지중지 愛之重之

어불성설 語不成說

언중유골 言中有骨

언행일치 言行一致

역지사지 易地思之

외유내강 外柔內剛

용두사미 龍頭蛇尾

우유부단 優柔不斷

이실직고 以實直告

인지상정 人之常情

일촉즉발 一觸卽發

일편단심 一片丹心

자가당착 自家撞着

자승자박 自繩自縛

자업자득 自業自得

전전긍긍 戰戰兢兢

청산유수 靑山流水

초지일관 初志一貫

촌철살인 寸鐵殺人

파죽지세 破竹之勢

표리부동 表裏不同

풍비박산 風飛雹散

풍전등화 風前燈火

호언장담 豪言壯談

혼비백산 魂飛魄散

희희낙락 喜喜樂樂

01. 성격과 태도1

1. (1) ③ 맹랑해 (2) ⑤ 호탕해 (3) ① 완강하게
2. ④ 노련하다
3. ② 우직하다
4.

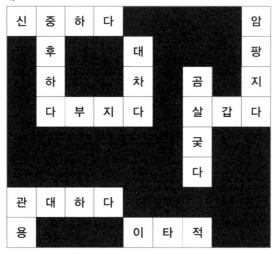

02. 성격과 태도2

1. (1) ① 극성맞다 (2) ② 냉랭하다 (3) ③ 영악하다
2. 모질다
3.

박정하다 ╳ 간사하고 악하다
사악하다 ╳ 인정이 없고 차갑다
옹졸하다 ● 따뜻한 정이 없이 쌀쌀맞고 인정이 없다
무정하다 ╳ 마음이 너그럽지 못하고 생각이 좁다
편협하다 ● 한쪽으로 치우쳐 도량이 좁고 너그럽지 못하다

4. (1) 토끼: 교만하다 (2) 놀부: 야멸차다 (3) 까마귀: 우둔하다, 여우: 교활하다

03. 성격과 태도3

1. (1) ④ 가식 (2) ② 깜냥 (3) ① 유약하다

2. (1) 호전적 (2) 사교적
3. (1) 뚝심 (2) 맹목적
4. (1) 용의주도하게 (2) 격정적인
5.

낙관적 ● ● 보수적
낙천적 ● ● 비관적
진보적 ● ● 염세적

6. (1) 안일하게 (2) 안이하게

04. 감정과 기분1

1. (1) ④ 공허하다 (2) ② 비애 (3) ④ 울화
2. 부질없다
3. ① 향수
4. 투지
5. (1) 희열 (2) 쾌재 (3) 강박 (4) 만끽 (5) 경악

05. 감정과 기분2

1. (1) ② 애착 (2) ① 야심 (3) ② 염치
2. ⑤ 가화만사성
3. ⑤ 흠모
4. ① 안온하다
5. (1) 신망이, 기원에, 자긍심을, 선망의
   (2) 심경을, 만감이, 심려를, 통감합니다, 안도감을
6. ③ 탐욕

06. 성질과 상태1

1. (1) ④ 조악하다 (2) ② 정연하다 (3) ⑤ 비일비재하다
2. ④ 협소하다
3. (1) 광막하다 (2) 정밀하다
4. 성대하게, 흥건하게, 쇠잔한, 결여된, 명료하게
5. 걸다

07. 성질과 상태2

1. (1) ① 청량하다 (2) ③ 경황 (3) ⑤ 녹록하다
2. 음침, 음울
3. 스산하다
4. (1) ② 풍파 (2) ③ 고즈넉하다
5. ③ 상서롭다
6. ⑤ 호젓하다

08. 뜻과 생각1

1. (1) ⑤ 번뇌 (2) ② 단상 (3) ④ 묘안
2. (1) 복안 (2) 사이비
3. ① 망상 ② 과대망상
4. (1) ② (2) ① (3) ① (4) ②

09. 뜻과 생각2

1. ⑤ 총괄
2. ⑤ 유추
3. (1) 속단, 의거, 추정, 참작
   (2) 유념, 접목, 상기, 수긍
4.

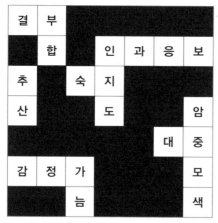

10. 말과 글1

1. (1) ① 간담 (2) ⑤ 볼멘소리 (3) ② 속설

2. ⑤ 언사

3.

전언 ●　　　　　● 아부
군소리 ●　　　　　● 전설
아첨 ●　　　　　● 대화
대담 ●　　　　　● 군말
언변 ●　　　　　● 말솜씨

4. 언질, 넋두리, 훈수

5.

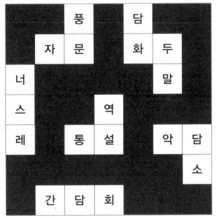

11. 말과 글2

1. (1) ③ 필사 (2) ① 회신 (3) ④ 금서

2. 문호

3.

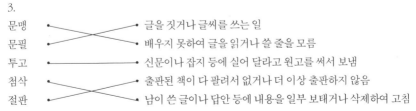

문맹 ●　　　　　● 글을 짓거나 글씨를 쓰는 일
문필 ●　　　　　● 배우지 못하여 글을 읽거나 쓸 줄을 모름
투고 ●　　　　　● 신문이나 잡지 등에 실어 달라고 원고를 써서 보냄
첨삭 ●　　　　　● 출판된 책이 다 팔려서 없거나 더 이상 출판하지 않음
절판 ●　　　　　● 남이 쓴 글이나 답안 등에 내용을 일부 보태거나 삭제하여 고침

4.

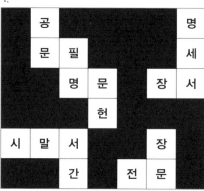

12. 말과 글3

1. (1) ① 표방 (2) ② 설파 (3) ② 능치다
2. ④ 함구하다
3. 이죽거리다
4. ④ 유창하다 ●────────● 말을 잘하지 못하고 떠듬떠듬하는 면이 있다
5. (1) 해명 (2) 빈정대는 (3) 단언
6. (1) 어깃장 (2) 이간질